企业危机中

员工参与对消费者宽恕的影响机制研究

冯蛟　张淑萍　薛梅　编著

黄河出版传媒集团
阳光出版社

图书在版编目（CIP）数据

企业危机中员工参与对消费者宽恕的影响机制研究 / 冯蛟，张淑萍，薛梅编著. -- 银川：阳光出版社，2023.4
ISBN 978-7-5525-6773-1

Ⅰ. ①企… Ⅱ. ①冯… ②张… ③薛… Ⅲ. ①企业危机－企业管理－参与管理－研究 Ⅳ. ①F272.35

中国国家版本馆CIP数据核字(2023)第061309号

企业危机中员工参与
对消费者宽恕的影响机制研究　冯蛟　张淑萍　薛梅　编著

责任编辑　贾　莉
封面设计　张　宁
责任印制　岳建宁

黄河出版传媒集团
阳光出版社　出版发行

出 版 人　薛文斌
地　　址　宁夏银川市北京东路139号出版大厦（750001）
网　　址　http：//www.ygchbs.com
网上书店　http：//shop129132959.taobao.com
电子信箱　yangguangchubanshe@163.com
邮购电话　0951-5047283
经　　销　全国新华书店
印刷装订　宁夏银报智能印刷科技有限公司
印刷委托书号　（宁）0026217

开　　本　880 mm × 1230 mm　1/16
印　　张　13.5
字　　数　200千字
版　　次　2023年4月第1版
印　　次　2023年4月第1次印刷
书　　号　ISBN 978-7-5525-6773-1
定　　价　48.00元

序　言

在当今日益复杂与动态演化的商业环境中，企业品牌危机已然成为一种常见现象。如2008年，三聚氰胺“毒奶粉”事件使三鹿集团一夜之间破产，蒙牛、伊利、光明等国内多家知名企业被罚，国产乳制品行业进入低谷。2022年，央视“3·15”晚会曝光使用土坑腌制酸菜的乱象，脚踩酸菜、乱扔烟头等现场镜头触目惊心。一时间，土坑酸菜事件也使得康师傅、统一、和府捞面等企业被曝光，多个方便面品牌陷入危机。2023年，蚂蚁集团及旗下机构被处以罚款（含没收违法所得）71.23亿元的巨额罚单事件，使得曾经的互联网巨头开始深刻自省和内部整顿。

无论是群发性产品伤害危机、多品牌企业危机，还是代言人道德失范危机、产品/服务失败品牌危机，这些危机事件都可能对企业的声誉和经营造成严重影响，无论知名企业还是中小企业。员工作为企业危机应对的重要构成单元，本应发挥更大的作用，但在以往的学术研究和企业实践中往往被忽略了。

在我来看，冯蛟等青年学者的新作，重点关注不同类型企业品牌危机的内涵特征以及现实案例，创新性地深入探索员工在企业危机应对中的作用和价值，意在为企业管理者提供不同维度和视角下的研究支持和策略指导，帮助他们理解和发挥员工在企业品牌危机应对中的作用和价值。这种探索性的学术创新精神是值得鼓励和赞赏的。

本书共有三篇。第一篇详细介绍了四类典型的企业品牌危机类型及其特点，包括群发性产品伤害危机、多品牌企业危机、代言人道德失范危机以及产品/服务失败品牌危机。通过对这些危机类型和典型案例的深入分析，揭示了深层次的独特影响机理，展示了这些危机在实际中的表现形式和管理过程。第二篇聚焦于员工参与危机应对的前因研究，包括组织外内部因素以及员工个体因素。组织外部因素可能包括市场环境、法律法规和社会舆论等；而内部因素则涉及企业文化、组织结构和人力资源管理等。此外，员工的个体差异，如知识、技能和态度也会影响其在危机应对中的参与程度和效果。通过典型案例分析，具体展示了这些因素如何在实际情况中影响员工参与品牌危机应对。第三篇则探讨了员工参与危机应对的后果及机制，包括服务补救、道歉和群际宽恕等方面，并深入分析了员工服务补救对消费者宽恕的影响机制、员工参与对群际宽恕的影响因素和机制。通过典型案例分析，生动地展示了这些后果和机制在实际操作中的应用和效果。

与其他同类著作相比，本书在编写体例与内容组织上主要有以下三个特点。

（1）结构新颖。与现有著作注重企业危机中企业自身作用不同，本书体系结构上更加注重企业员工参与对消费者宽恕的影响，更加注重群发性产品危机中企业的实际应对策略研究。

（2）内容充实。本书除了注意内容组织的系统性以外，还特别注重将企业危机管理相关理论、方法和技术的最新进展融入本书中，有助于读者了解国内外企业危机管理研究的发展前沿和趋势。

（3）案例丰富。对于初学者来说，结合实际案例来认识企业危机中员工参与的作用是非常必要的。本书结合大量案例，以更加生动、形象的形式向读者展示相关内容并引发深度思考。

在本书的编写过程中，作者参阅了大量国内外专家、学者的相关论著和文献，以及一些企业、机构的报告和案例，并尽可能在参考文献中逐一列出，表现出了严谨的学术态度和良好的学术规范。

企业危机研究任重而道远，永远在路上。学术界对危机管理的认识还在逐步积累、研究和深化之中，与此相关的很多概念和观点需要持续的探索。衷心希望有更多优秀的青年学者，能够从不同的维度去深入研究此类问题，产出丰富的学术成果，更好地指导企业危机管理实践。

浙江工商大学校长
教育部长江学者特聘教授
“万人计划”哲学社会科学领军人才
2023 年 3 月 25 日

目　录

第一篇　企业品牌危机的分类与特征

第三篇　员工参与企业危机应对的后果及机制

第一篇
DI YI PIAN

企业品牌危机的分类与特征

品牌危机（brand crisis）通常是指企业经营过程中发生的关于产品、服务或企业整体的负面信息以品牌为识别线索被广泛传播并造成较大破坏性的事件，也有学者称其为品牌丑闻或品牌负面曝光事件（Dahlén & Lange，2006；韩冰和王良燕，2017）[1-2]。品牌危机的产生大致来自两个方面，一方面是企业产品不合格或者产品出现安全事件问题；另外一方面，企业违背社会或伦理规范等道德上的社会责任感缺失，并对品牌造成直接或间接的损害（顾志星，2019）[3]。

品牌危机分为群发性产品伤害危机、多品牌企业危机、代言人道德失范危机、产品/服务失败品牌危机，分别具有不同的特征。品牌危机具有突发性、传播迅猛性、被动性、危害性及事态度反复性等特点。顾志星（2019）对新媒体时代品牌危机的特征进行了总结：

第一，信息传播难控性。互联网的迅速普及，网友对于热点事件的迅速转载以及评论会将危机事件第一时间呈现到人们的视野。在人人具有发言权的互联网时代，这一平台具有相对的去中心化和去权威化的属性特征，这也面临着网络成员的复杂性特征，在品牌危机事件发生之后，信息会不受控制地漫天传播扩散，危机蔓延速度相当快。

第二，双面性突出。面对信息来源的不可控制性和个体信息时代的到来，企业管理者在危机发生时作出积极的处理方式，大众对于品牌发生的危机事件态度会缓和；反之，任由网络舆论的自由散播很有可能将企业推入危机。

第三，危机发生率高。新的信息传播方式打破了企业从主动方向被动方的角色转变过程，传统媒体的封闭与匮乏被新媒体的复杂性、动态性取而代之。大众不再是一味地被动接收信息，具有更多的选择权和自主权，可以自由地表达自己对于品牌产品的使用感受以及观点，在互联网这一平台容易引起具有相同感受的网友的共鸣。

品牌危机是一个复杂的事件，不仅对涉嫌企业具有极其重大的危害，同时对该行业乃至相关产业也有极大的危害。因此发生危机后，加强危机管理，采取合适的危机应对方式来进行危机补救是至关重要的，以帮助消费者重建信心，将品牌危机的不利影响降至最低。而研究企业品牌危机的类型、特征及其背后的机理是进行危机管理的前提。本篇将针对不同类型的品牌危机，对其特征等进行阐述。

第一章
群发性产品伤害危机

一、群发性产品伤害危机的概念

产品伤害危机分为某个行业内仅有一家企业卷入的单发性产品伤害危机和某个行业内有两家或两家以上企业卷入的群发性产品伤害危机。阎俊等（2010）是较早关注产品伤害危机群发性的学者，他们提出负面事件的属性之一——群发性，是指众多企业发生产品伤害危机的情境。在此基础上，汪兴东等（2012）把产品伤害危机分为行业中只有一家事发企业的单发性危机和行业中有两家或两家以上事发企业的群发性危机[4]。

崔保军等（2015）将群发性产品伤害危机分为两种类型[5]。一是潜规则型群发性产品伤害危机，是指某个行业内同时有两家或两家以上企业按照行业内"公开的秘方"故意生产经营存在缺陷的产品并对消费者造成危害的事件。如我国食品行业发生的"苏丹红"事件、"三聚氰胺"奶粉事件、"吊白块"腐竹事件、"瘦肉精"事件、"毒凤爪"事件、"罂粟壳"事件等，每个危机事件所涉及的厂商均为多家甚至数十家，且均是根据该行业内的"流行秘方"为牟取高额利润蓄意生产加工伪劣产品危害消费者的事件。二是技术缺陷型群发性产品伤害危机，是指因为某个行业的通用技术或生产流程有缺陷致使该行业内有多家企业甚至整个行业生产的产品存在瑕疵并对消费者造成危害的事件。如2012年11月媒体曝光的涉及酒鬼酒集团、五粮液集团、茅台集团、洋河酒业等多家白酒企业的“塑化剂”危机事件，是源于企业在生产加工白酒的过程中使用的塑料设备设施如塑料桶、塑料管等溶出塑化剂所致，该类危机事件是因为行业通用的生产设备和设施存在安全风险，属于该行业厂商的过失行为所致。

二、群发性产品伤害危机的特征

综合以往的研究，群发性产品伤害有以下三点特征属性。

第一，波及范围广。与单发偶发性产品危机不同，群发性危机是行业中有两家或两家以上企业同时涉入同类型产品缺陷或对消费者造成伤害的服务事件。因此，当群发性产品伤害危机爆发时，往往都会波及整个行业。如“三聚氰胺”奶粉事件，不仅三鹿公司一家企业出现了危机，更是导致了整个奶制品行业受到了毁灭性打击。

第二，持续时间长。群发性产品伤害危机会导致外界对整个行业的质疑和愤怒，且这种质疑和愤怒将会使消费者对企业相关产品的购买意愿的恢复变成一个漫长的过程。因此群发性产品伤害危机会持续很长时间，而持续时间越长，对企业和利益相关者的影响就越大。

第三，负面溢出效应更明显。产品伤害危机事件作为一种强大的负面启动信息，对竞争品牌评价的同化效应大于对比效应，大量被激活的负面信息会对竞争品牌产生负面外溢效应。而且负面信息出现的次数越多，同化效应表现得越强烈。具体而言，产品伤害危机群发性越高，诸如“危机”“频发”“普遍”“失信”这样的危机特质概念越多地被灌输到消费者头脑中，消费者就会拥有越多被激活的负面认知。

三、群发性产品伤害危机的影响

（一）对企业的影响

产品伤害危机对企业是一个重要的威胁，如果没有处理好，对其市场份额、企业声誉、股价、购买意向及公司其他产品都具有消极影响，甚至会危及企业生存[6]。产品伤害危机不仅影响企业的经济，而且对消费者也造成很大伤害。更严重的是，它还可能因产品质量低下、产品误用或产品毁坏导致消费者死亡。

产品危机发生后，全世界范围内的消费者都有可能在短时间内知道该事件，这将严重损坏企业的声誉及品牌形象。具体而言，群发性产品伤害危机对企业的不利影响如下：（1）损失营业利润；（2）提高广告与修复企业声誉的成本；（3）毁坏品牌关联及品牌资产；（4）市场份额损失；（5）毁坏企业声誉；（6）导致公司付出回收产品的昂贵代价。

（二）对消费者的影响

一是消费者感知危险：发生群发性产品伤害危机时，消费者的感知风险并不是单一的，此时的心理、身体、社会等多种风险共同组成了感知风险[7]。作为企业的一场突发危机和破坏社会稳定的一次风暴，产品伤害危机会给消费者带来心理上的慌乱不安。危态情境下影响消费者感知风险的因素主要有危机的性质、危机企业因素、响应主体、危机产品的类型、感知心理距离以及消费者特征等6大因素。当发生群发性产品伤害危机时，消费者认为缺陷产品具有行业普遍性，接触到关于危机企业和缺陷产品的负面信息增多，在进行购买决策时对该产品的感知风险增加，与群发属性较低的产品伤害危机相比，消费者对群发性较高的危机的感知风险更高[8]。

二是消费者抱怨与消费者的负面情绪：“苏丹红”事件、“三聚氰胺”奶粉事件等事实证明，不管是单个或是群发性产品伤害危机，消费者都会产生一系列的负面情绪；危机发生后，抱怨是一种常见的消费者进行情绪发泄的表达方式，目的是得到企业的补偿。而且，当造成危机的因素不能确定时，相较于男性消费者，此时的女性消费者更容易对企业产生抱怨。

三是消费者态度与品牌忠诚度：第一，消费者的品牌态度与群发性危机的严重程度、时间跨度有关，具体来说，危机严重程度越高，消费者的品牌态度越差；只有在危机严重程度较低的情境中，时间跨度越大，消费者的品牌态度受到的负面影响才会越小[9]。第二，在危机情境下消费者的认知价值会受到负面影响，但对于忠诚度较高的消费者，一般的正面修复策略均能改善其认知价值[10]。

四是消费者购买意愿：消费者购买意愿受到感知风险的不同维度影响。消费者感知风险越大，越不利于购买意愿的恢复；消费者剩余品牌情感越强，越有利于购买意愿的恢复[11]。具体而言，消费者感知的经济风险、身体风险、功能风险、心理风险和社会风险均与消费者购买意愿显著负相关。

五是消费者考虑集：产品伤害危机后危机产品能否进入消费者考虑集在一定程度上取决于消费者感知到的危险的大小。王晓玉、晁钢令、吴纪元（2006）研究发现危机事件发生后危机产品进入考虑集会受到企业、专家以及企业加专家双重响应的影响，其中，企业本身无响应对该过程产生负向的影响，企业本身有响应再加上专家的力量、专家本身以及企业本身有响应这三种响应方式均对该过程产生正向的影响[12]。

四、群发性产品伤害危机的机理

发生群发性产品伤害事件后，往往会对消费者的行为意向产生影响。但是消费者的行为意向受到不同因素的影响，常常大不相同：有些产品在危机后的销售几乎没有受到影响，如 2005 年的肯德基“苏丹红”事件，并没有导致消费者购买意愿的下降；而有些产品在危机后的市场份额则急剧下降，甚至危及公司的生存，如 2008 年的“三聚氰胺”奶粉事件直接导致了三鹿集团的破产倒闭。

同时，群发性产品伤害事件是针对整个行业的危机事件，那么就会产生对竞争品牌的外溢效应。然而有些群发性产品伤害事件对竞争品牌存在较高程度的外溢效应，有些则程度较低，其中受到哪些因素的影响，也值得探究。

面对越来越频繁的不同性质的产品伤害危机事件，很有必要了解危机后消费者会产生哪些情感，这些心理情感如何影响其行为意向，以及该事件会对竞争品牌产生何种程度的外溢效应，即群发性产品伤害危机的机理是怎样的。

（一）群发性产品伤害危机对消费者行为意向的影响因素

发生群发性产品伤害危机会对消费者的行为意向造成不同程度的影响。目前关于产品伤害危机对消费者行为意向影响的研究，主要从危机类型、消费者归因、危机响应、企业声誉与社会责任及其他因素等角度探讨了它们如何影响消费者行为意向，如何在危机后通过影响消费者感知风险进而影响消费者行为意向。

1. 不同类型群发性产品伤害危机对消费者行为意向的影响

按照产品危机可能给消费者造成的损害，危机性质可分为功能性危机和身体性危机两种类型[13]。前者指危机本身由产品功能瑕疵或运转功效障碍引起，导致消费者经济利益受损（如本田发动机产品召回）；而后者是指危机由对消费者身体健康造成潜在或者现实威胁的产品所引发，导致消费者健康状况受到损害（如肯德基“苏丹红”事件）。功能性危机爆发后，大多数陷入危机的企业会尽快采取及时有效的补救措施，完善产品功能，进行顾客服务或者赔付损失，此时消费者对企业的满意度和信任感会逐渐回温；加之危机爆发前已经形成的稳定互动关系，消费者具有正面情感溢出的移情倾向，这些都会对危机后消费者宽恕意愿起到推动作用。而相对于功能性危机，身体性危机爆发后消费者的情绪和行为反应则会大相径庭。身体性危机由于对消费者身体健康状况造成潜在威胁，严重性较之功能性危机大大提高，且危机爆发后的一段时间内，消费者处于信息匮乏环境，对潜在危害的主观臆想和对陷入危机企业的不信任使其容易产生负面效能非常强烈的愤怒和不满情绪。在此情况下，先前对企业满意度、信任感和移情性越强烈的个体，越容易因事前认知和事后现实的不一致，产生极度不满和愤怒的情绪，从而出现“爱之深、责之切”的行为倾向，即不容易宽恕犯错品牌和相关企业。换言之，关系质量对消费者宽恕的影响受危机性质不同而变化。

2. 消费者危机归因对消费者行为意向的影响

发生产品伤害危机之后，顾客会自然而然地进行归因。Weiner（2013）提出当发生出人意料的负面事件时，顾客就会进入归因程序。在归因判断的过程中，危机的群发属性会对归因结果产生影响。对于产品伤害危机的责任归因会使顾客对企业产生不同的情绪反应。Averill（1983）提出危机事件中的顾客可能产生愤怒和后悔情绪，并认为这两种不同的消极情绪是由不同危机归因产生的。当顾客将责任归因于企业内部因素并认为企业对危机本应是可控的时候，顾客可能产生愤怒的情绪。当顾客将责任归因于企业外部因素，并认为危机的发生是不可控的时候，顾客可能产生后悔的情绪。Clore and Centerbar（2004）认为对于危机归因会导致顾客的消极情绪。Klein and Dawar（2004）提出当顾客认为危机事件是由企业外部因素引起，并且是不可控、偶然发生的时候，顾客产生的消极情绪就会较弱[14]。Larosand Steenkamp（2005）提出一些不可控制性因素引发的危机事件会让顾客产生沮丧情绪。Laufer，Silvera and Meryer（2005）的研究发现归因对于顾客消极情绪具有直接影响。如果顾客作出消极的危机归因，即认为危机是由企业内部因素造成的，企业本身是可以避免危机事件发生的，并且是长期存在的情况下，顾客就可能产生责备、愤怒的情绪。Coombs and Holladay（2008）的研究同样验证了危机归因对于顾客消极情绪的影响[15]。Jin（2010）的研究证实当顾客认为危机本应是企业有能力避免的时候，顾客的愤怒情绪会更加强烈。Weiner（2013）

提出产品伤害危机的责任归因可能激发顾客的消极情绪。如果顾客认为企业责任越多，愤怒的情绪就越强烈。可见，顾客对于企业的责任归因越消极，顾客的消极情绪就越强。

对危机企业的消极归因会导致顾客产生负向的行为倾向。当认为企业不具备可信赖的特质时，顾客会对企业产生质疑[16]。Laufer 等（2004）的研究表明如果顾客作出消极的危机归因，那么可能产生报复欲望[17]。Schoorman 等（2007）提出顾客对于企业的消极应对行为倾向是由危机归因的内部性、可控性和稳定性导致的。Lei 等（2007）的研究发现危机归因是顾客进行评价的基础。并提出顾客的危机归因可能产生“天花板效应”，从而使顾客对企业的评价及危机后的行为意愿取决于顾客对危机归因的解释。对于企业的危机归因越消极，顾客越有可能放弃寻求补偿的想法，而产生报复的欲望。可见，对于企业的危机归因越消极，顾客的报复欲望越强烈，而补救预期却越微弱。

群发性产品伤害危机发生的动因是判定危机性质的重要依据，同时亦是危机负面效应的重要影响因素，并且会影响消费者对群发性危机情境中其他信息的认知和判断。当某行业中由于“潜规则”的流行致使多家企业的产品出现伤害消费者的危机事件时，源于企业厂商的主观故意行为，消费者把责任归因于企业与行业内部，此时消费者对危机信息的加工会选择精细加工路线即中心加工路线。面对群发性危机信息的说服性诉求，消费者会花费更多的时间和精力评估相关信息，并从记忆中提取有关该行业中的企业、品牌的历史数据信息作为论据，进行品类、品牌、产品的相关联想，形成对品类的负面评价。由于消费者对潜规则型群发性危机信息的精细加工及卷入程度均较高，其感知品类风险亦较高，所以对品类的抵制意愿更高。

当某行业中由于行业的通用技术设备存在缺陷致使多家企业的产品出现伤害消费者的危机事件时，源于企业厂商的客观过失行为，消费者把责任归因于企业与行业外部，此时消费者对危机信息选择精细加工路线的可能性较低，会选择外围加工路线。面对群发性危机信息的说服性诉求，消费者将保存其认知资源，会花费较少的时间和精力评估相关信息即并非对危机相关信息进行深思熟虑，而是对现有信息进行粗浅分析和简单推论，得出对群发性产品伤害危机的态度判断与评价。由于消费者对技术缺陷型群发性产品伤害危机信息的精细加工及卷入程度均较低，其感知品类风险亦较低，所以对品类的抵制意愿较低。

3. 群发性产品伤害危机发生后的响应

Kabak & Siomkos（1990）提出危机发生后一般会有两种来源的响应：企业自身（拒绝、响应、自愿地响应、非常努力地响应）及外部主体（政府部门及媒体看法）。Siomkos 和 Kurzbard（1994）将企业自身对产品伤害危机的响应方式细分为四类：坚决否认、强制召回、主动召回、积极承担责任[18]。Dai P（2016）则认为公司对于危机的响应方式从坚决否认到积极承担责任、积极沟通并且无条件回收产品[19]。

企业在面对消极的外部响应时应该采取超级努力策略，以降低公众对企业的责任归因[20]。Aikaterini Vassilikpoulou（2009）等在此基础上进一步指出，在高危机水平和中危机水平情况下，外部响应对消费者的伤害产品购买意愿影响较小，而在低危机水平下，外部响应对消费者的伤害产品购买意愿影响较大[21]。我国学者王晓玉、晁钢令等（2006）研究专家和企业响应对消费者考虑集的影响时，发现专家响应对危机产品进入消费者考虑集产生正向影响，而企业或专家单独响应与共同响应对消费者考虑集的影响效应无显著差异[22]。方正（2007）通过实证研究发现：在可辩解产品伤害危机中，外界响应优于企业单独响应，且最优的响应主体是政府应对；而在企业响应方式的选择上，最优的是积极澄清；而媒体的负面报道越多，消费者的感知风险会越大，从而导致购买意愿越低[23]。

（1）涉事企业介入时间对消费者行为意向的影响

产品伤害危机一旦发生，涉事企业的应对行为将会对消费者的购买意愿产生各种不同的影响。总的来看，以往的研究认为，涉事企业危机处理的方式应当快速、一致、主动公开。企业危机处理过程中，消费者获得信息的来源、类型以及信息的一致性都将会影响危机企业的形象修复；Ulmer（2001）则发现，不主动的企业则很容易失去消费者的信任，且在消费者获悉企业早已知晓却没及时采取行动去解决危机时，消费者对不主动企业的负面态度就会因为各种负面情绪的叠加而变得更加强烈[24]。由此可见，涉事企业在危机中的反应时间是一个非常关键的因素。危机中当消费者处于信息匮乏的状态时，如果不能及时有效地得到正确信息，谣言就会填补信息真空，从而强化消费者的负面态度；而企业及时的反应则能够在一定程度上改善消费者的负面态度（Strong等，2001）[25]。此外，及时介入将在很大程度上影响消费者的预期和看法，也能够显示涉事企业的信心与能力[26]。当企业掌握产品风险信息时，若企业对产品风险没有责任，企业强制披露信息好于自愿披露，也就是说，一旦产品有问题，越早让消费者知道对消费者越有利。

（2）涉事企业介入方式对消费者行为意向的影响

涉事企业在介入时机上的主动性很容易被消费者识别并接受，但是应对方式却不尽然。就危机爆发时的短期效果来讲，涉事企业选择赔偿型策略需要其付出很大一部分现金，成本相对较高；服务型策略则相反，仅需要企业付出较小的代价即可向消费者表明自身立场和态度。一旦某品牌被确证存在问题，涉事企业再去采取补救措施，不管是采取赔偿型措施还是服务型措施，消费者对于该危机品牌发生的问题在短期内都会因无法掌握足够信息而作出合理判断，因此倾向于“用脚行动”、趋利避害，继而转求别的安全品牌，从而导致对危机品牌购买意愿的下降，而不会受到涉事企业补救措施差异的显著影响。按照解释水平理论，随着危机的曝光，短期内涉事品牌与消费者的时间距离更近，消费者倾向于采用更低的解释水平，即关注的是产品伤害危机本身所产生的具体伤害和影响。为避免这种伤害，无论未曝光企业采取什么样的补救行动，消费者往往会一致地表现出相对高觉醒水平的负面行为[27]。

产品伤害危机爆发后，赔偿型措施是对已经发生的问题进行物质补偿，这是企业责任意识的一种体现。采取赔偿措施的企业往往会通过内部措施改进等方式去提高未来产品质量，以避免再次发生类似问题。从这个角度看，赔偿型措施的长期综合效果包含了服务型措施的部分效果。而且，直接的物质补偿在短时间内更容易得到消费者对涉事企业主动悔改诚意的心理认同，从而呈现出相对较高的购买意愿。

4. 企业社会责任的履行对消费者行为意向的影响

一方面，根据预期理论，当企业缺陷产品没有遵守法律法规时，即为不可辩解型的危机情境，此时企业会因先前的伤害行为而不被消费者看好，这种情境下的消费者不会对企业产生过高的期望，此时若企业采用慈善型CSR，表现出积极的社会责任感，那么，这种正面行为和先前的负面行为同时存在会让消费者产生认知上的失调，在某种程度上，这会稀释危机给企业带来的负面影响；而当企业没有进行慈善型 CSR 时，消费者对企业初始形象的负面评价既不会被减弱也不会被加强，与原有印象无异。另一方面，当企业产品虽存在缺陷但遵守法律法规时，即为可辩解型的危机情境，此时由于企业先前的行为不足以构成伤害，因此消费者在一定程度上依旧会看好企业的未来，这种情境下的消费者反而会对企业产生较高的期望，因此即使企业实施慈善型 CSR，在很大程度上也不会让消费者觉得意外，进而改善对企业的态度；而当企业未进行慈善型 CSR 时，消费者的原有态度同样不会有太大的波动[28]。

根据社会比较理论，企业属于不可辩解型的危机时，消费者会因问题产品违反法律法规而感知到较大的危害，就会倾向于选择进行下行比较，以抚慰危机带来的内心伤害；此时，若企业进行慈善型 CSR，消费者在评价企业负面行为时就会采用较低的标准，从而达到强化慈善型 CSR 的正面作用；而当企业未进行慈善型 CSR 时，即使采用相对低的标准去评价企业负面行为，也不会形成显著差异，从而无法减轻危机给消费者带来的身体和心理上的伤害。另外，当企业属于可辩解型的危机时，消费者会因缺陷产品并未违反法律法规而感知到较小的危害，便会倾向于选择进行上行比较，在此情境下，若企业实施慈善型 CSR，消费者在评价企业的负面行为时就会采用较高的标准，此时正面作用便得不到有效的强化；而当企业未进行慈善型 CSR 时，就更无法缓解危机带来的伤害。

事实上，频繁复杂的产品伤害危机已经让消费者们觉得这不再是简单的企业产品问题，而是严重的企业道德问题。Weiner（1985）也证明了当消费者认为企业只关注自身利益而忽视消费者利益时，此时产品方面的问题就容易上升至道德问题。这样的企业被认为是违背企业社会责任的，是不道德的[29]。由此可见，消费者的态度和对企业实施慈善型 CSR 动机的猜测很大程度上受到消费者对企业的反应中是否考虑道德评价的影响。

当发生可辩解型危机时，消费者往往只是把危机看作是产品出现了问题，并不会考虑到企业道德问题。尽管如此，产品问题依旧会给企业带来负面影响。Wagner 等（2009）认为如果 CSR 实施策略上存在问题或者呈现出不够妥当的信息，就非常容易导致消费者对其实施目的产生怀疑，从而被当作“企业伪善”[30]。此时实施慈善型 CSR，消费者会推测企业仅仅是为了“讨好”公众而采取的临时举措。这种善举可能显得有些多此一举，甚至会导致反向的结果。若企业并未有慈善型 CSR 行为，由于产品并未违规，消费者对企业的不利归因较少，随着时间的流逝及消费者注意力的转移，消费者购买意愿会逐渐地恢复。综上，我们可以推断，对于可辩解型产品伤害危机，相较于有慈善型 CSR，无慈善型 CSR 对消费者购买意愿的修复效果更好，且两者修复效果存在显著差异。

当发生不可辩解型产品伤害危机时，企业往往被认为是极不负责任的。但这并不意味着企业采用慈善型 CSR 是在做无用功。对部分潜在消费者而言，发生丑闻的企业后续提供的相关正面信息不仅可以改变其购买决策行为，而且还能基于信息整合理论，发挥修饰记忆中负面信息的作用。对一般消费者来说，他们也更愿意购买广施善行的企业的产品。基于双重态度理论，翁智刚等（2013）研究发现尽管消费者会对外显态度（打了折扣的评价）作出调整，但是善行的积极影响在内隐态度（初始积极反应）中依旧存在。不难看出，企业在产品伤害危机后多实施慈善型 CSR，无论消费者是否会怀疑企业自身的利他动机，作为一种正面积极的信息，慈善型 CSR 对消费者购买意愿产生的积极影响依旧存在。

5. 其他因素对消费者行为意向的影响

危机的严重程度是影响消费者态度与购买意向的一个非常重要的因素。虽然一些研究认为，危机严重程度并不显著影响消费者的态度与行为，它仅仅影响消费者对缺陷产品的感知风险，但是绝大多数研究者认为危机的严重性，即受伤或死亡的人数及严重程度，影响消费者的行为与意向。Moment & Ellis（1981）发现，伤害严重的企业比伤害较低的企业更不受欢迎。其他的研究则认为伤害的严重程度影响消费者的抱怨与责任归因。产品伤害的责任模糊时，旁观者感知到的危机越严重，就会更多地把危机责任归因于企业，而不是归因于消费者。危机的严重程度也影响利益相关者的情感反应：危机越严重，对利益相关者的持续影响越大。

企业声誉对消费者行为意向也存在一定程度的影响。Standop（2006）认为发生危机后，即使拥有良好声誉的企业，无论是否召回产品，都会损害该企业的声誉。而有些学者研究却发现企业声誉一定程度上有利于企业成功应对危机，帮助企业渡过这一难关。那些知名企业在遭遇危机时，因为有良好的声誉保护企业，因而能够更有效地克服产品伤害危机，验证了良好的声誉能够减少危机对企业的损害。同时，Siomkos & Shrivastava（1993）发现声誉高的企业在产品伤害危机情景下更有利[31]。Siomkos（1998）指出如果卷入产品危机中的企业声誉低时，更有可能为缺陷产品承担责任。

（二）群发性产品伤害危机对竞争品牌的外溢效应

外溢效应（spillover effect）是产品伤害危机事件中常见的信息传播现象，它使得产品伤害危机事件的负面信息在传播过程中被扭曲、夸大并迅速蔓延，并在短时期内给卷入其中的品牌、企业乃至整个行业带来严重的负面影响甚至毁灭性打击。如果是单个企业发生产品伤害危机事件，消费者只有小部分的危机信息被激活，危机品牌和竞争品牌之间产生对比效应，对比作用使得消费者更多地关注两者不一致的信息，竞争品牌的不同之处会更加明显，他们可能会认为这只是出事品牌所犯的错误，与竞争品牌无关，因而负面效应可能不会外溢到竞争品牌[32]。

根据可接近—可诊断理论，不同特征的品牌处于一个结构化的网络当中，彼此相互联系，相互触发。在产品伤害危机中，危机品牌的产品与竞争品牌的产品相似会导致消费者推断竞争企业会作出与危机企业同样的行为，从而引发传染效应（费显政等，2010）[33]。当一个品牌出现丑闻后，消费者会自发地对产品大类中的该品牌与其他品牌进行比较，以形成对其他品牌的判断。Mussweile（2003）提出了选择通达机制（selective accessibility process），认为同化效应或者对比效应的产生依赖于人们在评价之初所采取的是相似性检验还是相异性检验，人们会优先关注那些与自己选定的假设相一致的信息，使这些信息成为“可通达的”，而这些信息会进一步支持原来选定的假设。因此，消费者对不同品牌产品相似度的评价，取决于他们在最初的比较时选择相似性检验还是相异性检验。如果选择相似性检验，消费者就会努力搜寻能证明两个品牌产品相似的证据，两个品牌产品之间相似的信息成为“可通达的”，同化效应使得消费者认为竞争品牌可能存在同样的问题，负面外溢效应发生；反之，如果选择相异性检验，消费者就会更关注两者不一致的信息，竞争品牌的不同之处会更加明显，他们可能会认为，这只是发生危机的品牌所犯的错误，与竞争品牌无关，因而负面效应不会外溢到竞争品牌。

五、典型案例示例

三聚氰胺引发的行业地震

众所周知，2008年发生的22家企业卷入的奶粉行业群发性产品伤害危机，结果导致三鹿集团破产倒闭。而蒙牛、伊利等企业出现巨额的年度亏损，虽然该危机事件已过去数年，但其对我国婴幼儿奶粉行业的负面影响还未完全消失。

2007年底，三鹿先后接到农村偏远地区反映，称食用三鹿婴幼儿奶粉后，婴儿出现尿液中有颗粒现象。到2008年6月中旬，又收到婴幼儿患肾结石去医院治疗的信息。于是三鹿于7月24日将16个样品委托河北出入境检验检疫技术中心进行检测，2008年8月1日下午6时，三鹿取得检测结果：送检的16个婴幼儿奶粉样品，15个样品中检出了三聚氰胺的成分。2008年8月2日下午，三鹿分别将有关情况报告给了其注册所在地石家庄市政府和新华区政府，但市政府并未上报。2008年8月4日至9日，三鹿对送达的原料乳200份样品进行了检测，确认了“人为向原料乳中掺入三聚氰胺是引入到婴幼儿奶粉中的最主要途径”。

三鹿在确认因自己集团生产的奶粉导致众多婴儿患有肾结石后，开始进行危机公关工作。三鹿公关公司北京涛澜通略国际广告有限公司被指在2008

年8月11日向三鹿集团建议与中国最大的互联网搜索引擎公司百度合作，屏蔽有关新闻。2008年9月5日新西兰政府得知消息后下令新西兰官员绕过地方政府，直接向中国中央政府报告此次事件，中国政府才严正对待此事，三聚氰胺问题彻底爆发。

2008年9月16日，国家质检总局紧急在全国开展婴幼儿配方奶粉三聚氰胺专项检查，检查结果显示共有22家企业、69批次产品含有三聚氰胺。在22家乳制品企业生产的婴幼儿配方奶粉中，蒙牛、伊利、雅士利、圣元、南山等国内知名品牌赫然在列，他们或多或少都含有三聚氰胺，国内乳业遭遇严重的信任危机，公众减少或停止了消费，奶制品企业纷纷减少或停止收购鲜奶，奶农面临“有奶无处卖”的困境。

2008年9月17日，蒙牛集团承诺将不合格婴幼儿奶粉全部召回，同时对因食用上述批次奶粉而造成身心伤害的消费者表示诚挚的道歉，并对消费蒙牛其他产品的全国消费者表示深深的歉意。同日，伊利公关事务部主管马腾表示，9月16日在接到国家质检总局通知伊利集团2008年7月16日生产的儿童奶粉普通袋装含有三聚氰胺后，伊利集团在第一时间内将市场该批次产品已全部回收，目前市场上已没有该批次产品销售。广东雅士利亦向消费者致歉并承诺退货。针对“结石奶粉”事件，圣元表示，内蒙古、河北奶源有问题，同时无限期停止在内蒙古和河北的收奶工作，无限期关闭圣元在内蒙古和河北省境内的三家工厂，直至这些工厂所在地奶源状况得到根本改善。

2008年9月17日上午，国务院总理温家宝主持召开国务院常务会议。会议认为，三鹿牌婴幼儿奶粉事件的发生，反映出奶制品市场混乱，监管机制存在漏洞，监管工作不力，必须认真吸取教训，以对人民高度负责的态度，做好事故处理，完善检验监督体制，加强监管工作。

三鹿奶粉被曝光含有三聚氰胺，推倒了乳制品行业的“多米诺骨牌”。在全国液态奶三聚氰胺专项检查中，蒙牛、伊利、光明3大国内上市企业的奶制品也被检出三聚氰胺。事件发生后，消费者对奶制品安全及本土产品的认可度出现了严重的动摇，国产奶粉销量直线下滑，进口大幅增加，据海关统计，2009 年奶粉进口量增幅超过 200%。

“三聚氰胺”事件引发了国内消费者对国产奶粉的信任危机。由于奶粉是婴幼儿的必需品，其质量不合格将直接威胁婴幼儿健康，这种食品安全的威胁对于消费者来说是致命的，从而直接导致了消费者去选择进口奶粉。中国奶业协会于 2010 年 6 月在青岛进行的乳品消费调查结果表明，超过 70% 的被调查者更信任进口乳品。根据 AC 尼尔森调查显示，“三聚氰胺”事件曝光以后国产乳制品销售急剧下降，进口品牌奶粉市场占有率由 70.6% 增加到 86.8%，国产品牌由 29.4% 下降到 13.2%。

奶粉是中国奶制品进口的主要产品之一，1995 年至 2003 年共进口了 7.9 亿美元，平均年进口额 8790.9 万美元。受“三聚氰胺”事件影响，消费者对国产乳品质量不信任，导致进口乳品需求量上升，2009 年奶粉进口量达到 25 万吨，是 2008 年的 2.5 倍，奶粉的对外贸易生了巨大变化。“三聚氰胺”事件曝光之后，对食品出口的影响很快显现出来，中国奶粉的出口几乎停滞。大部分国家和地区停止进口中国奶粉，已签订单被取消，意向性贸易协议暂停。海关统计显示：2008 年 10 月我国乳制品出口数量锐减九成多，其中奶粉出口更是下降了 99.2%，2008 年全年我国乳制品出口数量锐减 10.4%。在三聚氰胺阴影的笼罩下，中国出口受影响的产品不仅有奶粉，还蔓延至雪糕、巧克力、奶茶等加工食品。事件爆发后，加拿大、俄罗斯、欧盟等 27 个国家和地区开始全面或部分禁止中国奶制品及相关产品的销售或进口。

“三聚氰胺”事件的十年后，国产奶粉在中国人心目中仿佛成了毒物。这也造就了进口奶粉的十年辉煌，一线奶粉品牌清一色都是外资企业。只要经济能力允许，新手父母基本会选择进口奶粉。这个局面从 2017 年开始终于有了转机。2017 年飞鹤品牌的高端奶粉增速超过 248%，对于重获消费者信任的绝招，飞鹤坦承：改变用户认知，得民心者得天下。进入 2021 年，国产奶粉更“得民心”了。2021 年中国奶粉的市场份额，飞鹤市占率为 14.8%，超过了雀巢的 12.8%，成为全国行业第一。同时中国国产奶粉的 CR3 也回到了 38%，这个水平约等于“三聚氰胺”事件发生前的 2007 年。

资料来源：作者整理

参考文献：

[1] Dahlén，Micael，Lange，et al. A Disaster Is Contagious：How a Brand in Crisis Affects Other Brands.［J］. Journal of Advertising Research，2006，46（4）：388-397.

[2] 韩冰，王良燕 . 品牌负面事件的溢出效应及影响因素述评［J］. 心理科学，2017，40（1）：7.

[3] 顾志星 . 新媒体时代企业品牌危机管理探析［J］. 市场周刊，2019（3）：3.

[4] 汪兴东，景奉杰，涂铭 . 单（群）发性产品伤害危机的行业溢出效应研究［J］. 中国科技论坛，2012（11）：7.

[5] 崔保军，余伟萍，吴波 . 群发性产品伤害危机对品类抵制意愿的影响研究 ——思维方式的调节作用［J］. 大连理工大学学报：社会科学版，2019，40（6）：9.

[6] 祝瑶 . 产品伤害危机对消费者情感反应及补救预期的影响研究［D］. 华中科技大学，2010.

[7] 梁建明 . 产品伤害危机中感知风险对顾客购买意愿的影响［J］. 中国城市经济，2012（1）：48-49.

[8] 景奉杰，崔聪，涂铭 . 产品伤害危机群发属性负面溢出效应研究［J］. 珞珈管理评论，2012（2）：8.

[9] 田虹，袁海霞 . 产品伤害危机对消费者品牌态度的影响机制研究［J］. 中国地质大学学报：社会科学版，2013，13（4）：5.

[10] 吴峰 . 顾客忠诚在产品伤害及补救条件下对认知价值的影响［J］. 统计与决策，2008，（7）：81-83.

[11] 崔冬冬，张新国 . 产品伤害危机后消费者购买意愿恢复研究——以“高介入”情境为例［J］. 中南财经政法大学学报，2012（2）：6.

[12] 王晓玉，晁钢令，吴纪元 . 产品伤害危机及其处理过程对消费者考虑集的影响 [J] . 管理世界，2006，（5）：86–95.

[13] 孙乃娟，郭国庆 . 群发性危机背景下服务补救的宽恕效果研究——危机性质和解释水平的调节 [J] . 管理学刊，2019，32（6）：54–61.

[14] Klein J，Dawar N. Corporate social responsibility and consumers' attributions and brand evaluations in a product–harm crisis [J] . International Journal of Research in Marketing，2004，21（3）：203–217.

[15] Coombs W T，Holladay S J. Comparing apology to equivalent crisis response strategies：Clarifying apology's role and value in crisis communication [J] . Public Relations Review，2008，34（3）：252–257.

[16] Grayson K，Johnson D，Chen D. Is Firm Trust Essential in a Trusted Environment？How Trust in the Business Context Influences Customers [J] . Journal of Marketing Research，2008，45（2）：241–256.

[17] Laufer D，Gillespie K. Differences in consumer attributions of blame between men and women：The role of perceived vulnerability and empathic concern [J] . Psychology and Marketing，2004，21（2）：141–157.

[18] Siomkos G J，Kurzbard G. The Hidden Crisis in Productharm Crisis Management [J] . European Journal of Marketing，1994，28（2）：30–41.

[19] Dai P. Impact of product–harm crisis on brand equity：The moderating role of corporate social performance [J] . 2016.

[20] Siomkos G. Managing product–harm crises [J] . Organization & Environment，1989，3（1）：41–60.

[21] Vassilikopoulou A，Siomkos G，Chatzipanagiotou K，et al. Product–harm crisis management：Time heals all wounds？ [J] . Journal of Retailing & Consumer Services，2009，16（3）：174–180.

[22] 王晓玉，晁钢令，吴纪元 . 产品伤害危机及其处理过程对消费者考虑集的影响 [J] . 管理世界，2006，（5）：86–95.

[23] 方正 . 产品伤害危机应对方式对顾客感知危险的影响——基于中国消费者的实证研究 [J] . 经济体制改革，2007（3）：4.

[24] Ulmer R R. Effective Crisis Management through Established Stakeholder

Relationships Malden Mills as a Case Study [J]. Management Communication Quarterly, 2001, 14 (4): 590-615.

[25] Strong K C, Taylor R S A. THE★ Rules of Stakeholder Satisfaction (★ Timeliness, Honesty, Empathy) [J]. Journal of Business Ethics, 2001, 32 (3): 219-230.

[26] Darling J R. Crisis Management in International Business: Keys to Effective Decision Making [J]. Leadership & Organization Development Journal, 1994, 15 (8): 3-8.

[27] 冯蛟，卢强，李辉. 群发性危机中未曝光企业应对策略对购买意愿的动态影响——品牌声誉的调节作用 [J]. 当代财经，2015 (5): 66-77.

[28] 付静. 产品伤害危机对消费者购买意愿的影响研究 [D]. 河南师范大学，2021.

[29] Weiner. An attributional theory of achievement motivation and emotion. [J]. Psychological review, 1985, 92 (4): 548.

[30] Wagner T, Lutz R J, Weitz B A. Corporate Hypocrisy: Overcoming the Threat of Inconsistent Corporate Social Responsibility Perceptions [J]. Journal of Marketing, 2009, 73 (6): 77-91.

[31] Siomkos G, Shrivastava P. Responding to Product Liability Crises [J]. Long Range Planning, 1993, 26 (5): 72-79.

[32] 青平，朱信凯，李万君，程娉婷. 产品伤害危机对竞争品牌的外溢效应分析——以农产品为例 [J]. 中国农村经济，2013 (2): 12-22.

[33] 费显政，李陈微，周舒华. 一损俱损还是因祸得福？——企业社会责任声誉溢出效应研究 [J]. 管理世界，2010 (4): 10.

第二章
多品牌企业危机

2022年，央视“3·15”晚会曝光使用土坑腌制酸菜的乱象，土坑酸菜起菜过程卫生状况堪忧，脚踩酸菜、乱扔烟头等现场镜头触目惊心，一时间，成为舆论关注的焦点。土坑酸菜事件也使得康师傅、统一、和府捞面等企业被曝光，多个方便面品牌陷入危机。另外随着新媒体及人际口碑的负面传播，危机的负面效应很快被扩散甚至蔓延，从而带给其现实顾客与潜在顾客极大的心理压力，最终有可导致其出现异常的行为意向[1]。依据网络消息3月15日当晚，淘宝、京东、盒马等多家电商平台已搜索不到“老坛酸菜”相关商品。另外，康师傅官方旗舰店也已下架大部分老坛酸菜牛肉面相关产品。所以多个品牌同时陷入危机给消费者对整个行业产生的危害远远大于单个品牌的危机，使得整个行业陷入不信任的危机。

本章主要介绍多品牌企业危机的概念以及相关影响，主要包括多品牌企业危机的概念，多品牌企业危机的特征，多品牌企业危机的影响机理，并总结了多品牌企业危机发生前后的企业应对策略，最后通过典型案例分析将多品牌企业危机的理论与实际相结合，力图对多品牌企业危机进行全方位的描述，帮助企业更好地应对多品牌企业危机。

一、多品牌企业危机的概念

目前，很多学者从各个方面对多品牌企业危机的概念及其影响机理展开了研究。产品危机是指偶尔出现并被广泛宣传的关于某产品有缺陷或是对消费者造成伤害的事件[2]；Dawar and Pillutla（2000）对于产品伤害危机的定义是“存在缺陷或具有危险性的产品属性所引发的独立、公开的事件”[3]。近年来，很多行业内的产品伤害危机事件层出不穷，呈现出明显的群发态势，多个品牌受到牵连，行业信任出现危机。多品牌企业危机就是指某一行业内多个不同品牌都受到消费者质疑和不信任的情况[4]。在网络背景下，企业品牌危机的一个突出现象就是行业内多品牌危机频发、高发态势逐渐取代传统单品牌危机爆发的形式和路径，由某个“害群之马”品牌引致的产品或品牌危机[5]，不仅会使整个行业遭受重创，还沉重地打击了消费者的信心，影响了整个产业链的健康发展。

具体来说，由于产品伤害危机呈现频发性，不仅造成涉事企业品牌价值的下滑，溢出效应还导致企业其他产品、同类品牌甚至整个行业受到波及。同时，新兴的社会化媒体改变了信息的传播模式，社会化媒体环境的开放性和自由性使得人人具备话语权，而消费者作为产品伤害危机的受害者，其发表的言论更容易引发关注，话语权得到强化。而多品牌产品用户由于其生成性、开放性、自由性、碎片化等特点，使得产品伤害危机中企业丧失话语权，失信言行被无限放大，致使社会化媒体环境下产品伤害危机中企业——消费者的应对策略选择出现新变化，从而影响产品伤害危机的演化[6]。

通过追踪近几年发生的产品伤害危机事件发现，面对危机，涉事企业所采取的应对策略各不相同，企业可采取的响应策略主要包括两种，即“积极应对”和“消极应对”。“积极应对”包括主动应对、坚决否定、主动和解、积极辩解等策略，“消极应对”则是指无应对和缄默策略。涉事企业在危机中的不同应对策略会显著影响消费者的认知评价、情绪反应及其相应的品牌购买意愿[7]，从而使得涉事企业的命运也随之有所不同。

二、多品牌企业危机的特征

与传统单品牌危机不同，多品牌危机具有“影响范围广、规模大、波及企业多、损伤严重、产生危害大”等显著特点，会给消费者信任带来严重负面冲击，容易引致整个行业遭受信任危机。影响范围广主要体现在，产品缺陷披露后的溢出效应借助社会化媒体持续发酵，企业的其他产品、品牌价值以及企业信誉等无形资产纷纷受到波及。与企业相反，消费者借助几乎忽略传播成本的社会化媒体能够更广泛、便捷地开展维权，相关言论与活动还能够更快速地引起政府监管部门的关注和舆论的广泛支持[8]。例如，众所周知，2008 年发生的“三聚氰胺”事件，虽然三聚氰胺最初起始于婴幼儿奶粉，但结果直接导致三鹿集团破产倒闭，而蒙牛、伊利等企业出现巨额的年度亏损，虽然该危机事件已过去数年，但其对我国婴幼儿奶粉行业的负面影响还未完全消失。后来的白酒“塑化剂”事件（2015），平台透露顾客信息（2017 年），珠宝行业抽奖骗局（2018 年），“毒辣条”事件（2019 年），“新疆棉”事件（2021 年）等都是行业的典型事件。

多品牌企业危机的另一个特点是其溢出效应更加明显。当产品伤害危机发生后，危机不仅损害自身品牌，还可能溢出到竞争品牌，形成溢出效应（Spillover Effect）。溢出效应是指信息通过间接途径影响信念的现象，如在“三鹿毒奶粉危机”中，三元牛奶并没有质量问题，但消费者可以从三鹿(危机品牌)联想到三元（竞争品牌），并对三元作出间接推断，进而影响消费者对三元的态度。另外还有学者研究发现产品伤害危机对竞争对手间产生的溢出效应，分为正向和负向两种不同方向。前者是指一个企业产品危机的爆发对其竞争对手产生正面影响，而后者是指危机对竞争对手产生负面影响。产品危机在竞争对手间的溢出，使危机的影响超越企业自身，甚至使一个企业的危机演变成波及危机企业所有竞争对手的行业危机[9]，这提高了危机影响的广度和深度。而由于多品牌产品伤害危机的行业负面溢出效应更强，这时消费者的感知风险会增加，这些风险来自身体、功能、心理、社会和经济等方面[10]。由于危机的涟漪效应，使其在新闻媒体、政府、企业等风险放大的作用下被扩大化，严重性远远超过了事件本身。这会引起公众的感知风险进一步增加，并对整个行业产生怀疑[11]。

三、多品牌企业危机的影响机理

（一）多品牌企业危机影响机理的理论基础

由于多品牌危机的群发性、危害大等特点，所以学者们在研究多品牌危机的过程中采用的理论大概有以下几个。

第一是归因理论[12]（Attribution theory）。归因理论由社会心理学家海德于 1958 年提出。归因是指人们对自己或他人的行为进行分析，推论出这些行为原因的过程。归因方式影响到以后的行为方式和动机的强弱。在日常的社会交往中，人们为了有效地控制和适应环境，往往对发生于周围环境中的各种社会行为有意识或无意识地作出一定的解释，即认知主体在认知过程中，根据他人某种特定的人格特征或某种行为特点推论出其他未知的特点，以寻求各种特点之间的因果关系。根据归因理论，在多个品牌发生危机后，只有澄清事实，当事者才不会受到谴责，但要找到真正原因很难，这就需要进行原因推理[13]。消费者以前对一个品牌越信任，在危机发生后对该品牌的失望感就会越强烈，因此他们会通过产生条件信息偏见和归因的推理，找到相应的替罪羊品牌发泄内心的不满，进而提高对行业的信任。

第二是替罪羊理论。“替罪羊”起源于《利未记》，其中记载了被献祭的羊将以色列人的罪孽带走，这只羊承担了全部罪责，使以色列人得到解脱。这种现象被称为替罪羊效应，在社会学、犯罪学和心理学理论中都有广泛应用，尤其是在精神分析理论中，替罪羊是指个体将其反感和厌恶情绪投射到他人，主要是其他更为弱势的个体身上[14]。

Gaoet al.[15]在探讨同一产品伤害危机时首次提出了“替罪羊”（Scapegoat）现象，指出最早被曝出产品问题的三鹿受到了消费者更多的指责，成为这次行业危机中的替罪羊。替罪羊效应是多品牌产品伤害危机特有的。当行业中多个品牌发生危机后，消费者为了缓解心理压力，往往会找某个品牌作为行业危机的主要谴责（泄愤）对象，即“替罪羊”（Scapegoat）现象。“替罪羊”品牌（公司）的出现能够转移媒体、政府和消费者批评的焦点，继而减轻对整个行业其他涉事品牌的愤怒。

第三是情绪感染理论。情绪感染（Emotional Contagion）是指个人或团体有意或无意地受到其他个人或团体情绪状态和行为态度感染的过程[16]。情绪感染发生在人与人接触的过程中，广泛应用于社会心理学、医学、心理生理学领域。Hatfield等认为情绪感染更多是在无意识下产生的，将这一现象概括为“最初的情绪感染”，并定义为“自动模仿和同步他人动作、表情、姿势、发音并最终导致情绪趋于一致”。情绪感染理论的核心理念在于对象主体之间对情绪价值的相互承认、相互认同。新媒体时代，人人都是信息源头，人人又都是受众，贯穿新媒体信息传播过程，情绪作为线索隐藏其中，大大降低了网络聚集门槛，大规模网络事件极易发生。新媒体受众第一次摆脱传统媒体信息被动接受者的地位，全程参与信息的选择、制作和传播，受众对话题的情感反应和认知反应决定了他们对话题的态度，并影响他们对信息的取舍，受众的情感认同对信息的传播具有巨大的推动作用。行业中多个品牌发生危机事件后，网络中铺天盖地的信息，使得受众产生恐慌的情绪，而且情绪之间会发生传染，使得行业的危机加剧。

最后是多米诺骨牌效应理论。多米诺骨牌是一种用木制、骨制或塑料制成的长方体骨牌，起源于中国北宋时期，由意大利传教士等带往欧洲。玩时将骨牌按一定间距排列成行，轻轻碰倒第一枚骨牌，其余的骨牌就会产生连锁反应，依次倒下。后来，人们通常会把这种“牵一发而动全身”的连锁反应叫作“多米诺骨牌效应”。多米诺骨牌效应能够准确地解释多品牌企业危机的产生机理，当行业中的一个品牌被曝出质量问题，那么行业中的其他品牌就会如多米诺骨牌倒塌一般受到牵连。刘铁民（2019）以特殊用途化妆品为例，一个品牌的失误就会引起整个行业的“多米诺骨牌倒塌”，即一招不慎、满盘皆输的商业现象[17]。并提出要建立一套应急问题解决机制，出现问题，及时解决、及时补救、及时止损，尤其是出问题触及消费者利益时，一定要从企业自身找原因，以真诚的态度重塑“消费者信任”，才能让企业和品牌在激烈的市场竞争中始终立于不败之地。

（二）多品牌危机对消费者恐慌情绪的影响

1. 消费者恐慌情绪的产生

单个品牌发生危机后，消费者会产生一系列的负面情绪，生气、愤怒、失望、焦虑等。消费者进行购买决策时，会面临来自财务、功能、身体、心理、社会等方面的风险。这些风险激发了他们的负面情感，具体表现为愤怒、失望、麻木、怀疑等，并影响其对企业形象的感知。另外，消费者在消费过程中体验反应的情绪决定了其消费决策与后续消费行为。依据解释水平理论，随着产品伤害危机带来的直接或间接损失，消费者对危机品牌会产生负面情绪的长期积累，从而逐渐疏远了消费者与品牌之间的心理距离，最终引起消费者与品牌关系的破裂。与其他消费情景不同，产品伤害危机事件中的消费者购买体验、认知评价和情绪反应，从时间的角度上来看是分离的：消费者可能有着良好的购买体验，但在产品伤害危机事件爆发后，消费者可能会产生非常负面的认知评价和情绪反应，正如消费者在遇到不公平待遇时常常会爆发出愤怒和无助情绪。危机事件是消费者负面情绪产生的起因，产品伤害危机严重性越高，造成消费者的损失也越大，对消费者负面情绪（如愤怒、失望）

的影响就越强烈。

多个品牌发生危机后，一系列品牌作为整体不但会增强公众对发生类似事件可能性的预期，而且随着危机在传播过程中不断地被扩大和夸张，会给公众带来直接的心理冲击并引发恐慌情绪。民众的恐慌情绪在认知、情绪、态度以及行为倾向等方面的体现，主要表现为风险认知水平高、焦虑和从众行为。首先，根据展望理论，在同等大小的损失和收益之间，人们通常会损失规避，即消费者对损失的重视远远大于收益。这时消费者的关注点主要集中在事件的负面结果上，并对负面结果进行归因，他们认为整个行业在食品安全立法、调控、监管等方面存在诸多问题，是行业的固有问题（稳定的归因），从而产生愤怒、失望、无助的情绪。同时由于公众缺乏相关信息和知识，容易对该事件进行扩大或者扭曲，继而引起其心理状态的变化，产生不满情绪，所以风险认知水平将会提高。

其次，根据期望不一致理论，当事实和先前的期望一致时会导致更多的正面评估，先前正面的期望容易创造一个天花板效应以至于新的正面事实不能改善已有的正面评估；事实和先前的期望不一致时会导致更多的负面评估，所以一旦发生负面信息后将比正面信息对消费者的满意和购买程度的影响更大。在多个品牌出现危机后，当第一次失败的阴影还没散去时，又经历了一次新的产品危机，消费者会对行业中失败企业的案例记忆犹新。不满意的消费者再一次经历了品牌危机后，会更倾向于表现出焦虑情绪，具体表现为紧张、忧虑、烦恼、害怕和恐惧等。

再次，当多个品牌发生危机后，消费者容易产生认知负荷加重，理性决策受阻，个人往往表现出不知所措，之后的自然反应是习惯化或者熟练化的行为，即从众行为的产生。2003 年的板蓝根抢购风波，2008 年“三聚氰胺”事件后的洋奶粉抢购等现象就是典型代表。这是消费者在信息缺乏且没有权威信息来源的情况下，表现出的和大众行为一致的倾向。这时如果群体的规模越大，持有一致意见的人越多，消费者感知到群体的压力就越大，只有从众行为才能减少这样的压力。

最后，从心理距离的角度出发，心理距离会显著影响消费者对危机事件的评价[18]：随着时间距离的增加，消费者的支持倾向会更加明显；而若时间距离越短，其反对倾向则会更显著；如果时间距离越远，消费者的支持倾向越容易，而反对倾向则越困难。遵循上述理论逻辑，在产品伤害危机的背景下，消费者感知的心理距离同样会负向影响消费者的感知风险。心理距离不仅会影响消费者对事件的评价，同时还能够调节消费者的行为意向。Chandran 和 Menon（2004）的研究发现消费者对危机事件的心理距离越近，则感知风险越高，负面情绪越大[19]。Goodman 和 Malkoc（2012）研究也发现，个人可能在心理尝试拉开与人物、事件和物体之间的距离，心理距离能降低负面情感的强度。当产品伤害危机与自己的心理距离较小时，人们处理危机相关信息的动机会更大，因而他们对产品伤害危机带来的感知风险会更大，焦虑情绪也越大[20]。单个国内品牌发生危机后，品牌的使用者会产生焦虑的情绪，当国内多个品牌发生危机后，由于消费者的心理距离（空间距离）比较近，因此消费者的感知风险越高，负面情绪越大。但是对于国外品牌，由于心理距离远，所以消费者的焦虑度相对降低、较单品牌危机会带给消费者更高的焦虑感。另外心理距离在一定程度上可以作为企业在营销沟通中操纵的变量：当产品伤害危机发生后，涉事企业可以在营销沟通之中通过操纵企业内外部对危机事件的响应，有意地拉开产品伤害事件与消费者的心理距离，从而减轻消费者的感知风险，降低消费者已经产生的各种负面情绪。

2. 多品牌危机引发的恐慌情绪对行业信任的影响

行业信任是指消费者对于行业中集聚的大多数公司、立法机构、政府和产业总体感知到的信任，即消费者的行业信任包括对企业相关的信任和对行业环境的信任。其中企业相关的信任是指对危机发生后企业采取相关行为的信任，对行业环境的信任是指对政府等监管机构行为的信任[21]。多品牌危机的爆发，犹如多米诺骨牌的倒塌，使得整个行业发生改变。消费者产生恐慌情绪后，负性的信息更易提高他们的风险认知水平，风险认知水平越高，就越会对整个行业的监管能力、生产企业、第三方认证机构及行业食品安全事件发生率都产生怀疑，对行业的信任下降。另外，社会风险的扩大效应，会使得恐慌传播加速消费者的负面情绪，由于情绪互相感染，使得他们之间的焦虑出现感染，从而产生对产业链的不信任[22]。同样，多品牌危机使得消费者的风险认知和焦虑水平的提高，导致消费者出现自我保护动机，从而更好地适应环境，所以比自我保护动机弱的个体更加从众。从众的行为使得大量消费者出现拒绝购买等情况、使得对行业的信任下降。

3. 消费者卷入度对消费者恐慌情绪关系的影响

卷入度高低反映消费者对产品的关注度以及其是否愿意驱使个体投入相应资源对外界刺激进行不同程度的评价，对消费者的购买决策过程（信息搜寻、态度改变、购买意向等）起着重要的作用[23]。根据精细加工可能性模型（ELM），当卷入度高时，消费者会沿中枢路径（Classic Approaches）处理信息，并积极主动地搜寻与产品相关的信息、评估和斟酌后进行谨慎的决策。但是当卷入度低的时候，消费者沿边缘路径（Contemporary Approaches）处理信息，对信息的收集和处理不会很谨慎，被动地接收相关信息并且决策随意化。高卷入度的消费者在购买之前对产品关注度高，注意收集产品信息，所以事件信息和企业信息对高卷入度的消费者影响比低卷入度的消费者显著[24]。多品牌发生危机后，群发危机的叠加效应，使得多个事件经过多重的转介机制而传播给多元的接受群体，并通过反复的反馈呼应与影响，从而产生一个放大化的效果，使消费者呈现恐慌的心理反应。所以，在多品牌危机发生后，卷入度高的消费者除了关注单个品牌的风险，更多的风险感知来自整个供应链乃至行业。

当多个品牌发生危机后，高卷入度的消费者由于掌握充分的信息，拥有大量的专业知识，他们通常从产业链的角度来评价整个行业。当整个行业环境受到危害时，消费者感觉到自己和家人的生命健康被完全暴露在危险环境或受到毒物侵害中，他们的焦虑感会更高，但是这样的焦虑感无法通过品牌转换来达到，从而使高卷入度的消费者更进一步地陷入恐慌之中。

当行业中多个品牌出现危机后，由于产品与他们关系紧密，根据认知失调理论，高卷入度的消费者更容易产生心理紧张，这时他们内心出现冲突与不安，理性程度会降低，尤其面对众人对行业的负面评价时，他们会改变其某些信念或行为，产生本能的避害行为，来使自己重新出现平衡，因此更容易产生从众行为[25]。但是低卷入度的消费者由于对产品漠不关心，对产品的信息了解甚少，不容易出现恐惧与不安，也不会产生从众行为。

4. 品牌来源国对消费者恐慌情绪关系的影响

1965 年，Schooler 开始研究来源国的概念，他在研究中发现消费者都喜欢利用品牌来源国来定义产品的好坏。1996 年 Thakor 又正式提出品牌来源国的概念，他认为“品牌来源国是指目标消费者所认为品牌所属的国家”。Nebenzahl 等人在此基础上对品牌来源国进行了进一步完善，从消费者角度出发，当说到品牌来源国时不仅是指有关品牌本身的联想，还可以引起消费者对品牌来源国的联想，由此对消费者产品的评价和购买意愿产生影响[26]。在此基础上，将品牌来源国定义为“消费者将所要购买的产品和品牌联系在一起，只考虑品牌所处的国家，而不论产品在哪生产和组装”。2001 年，Jafife & Nebenzahl 认为品牌来源国是指无论该产品产自哪里，消费者都能把它与该国联系起来，认为该产品或品牌源于某国。品牌来源国是消费者心目中与某品牌所联系的国家或地区[27]。

在产品伤害危机中，品牌的来源国形象被认为发挥着重要作用。例如，2007 年美国的玩具风波中，大量媒体强调这些品牌的玩具来自中国生产，让美国人意识到这些玩具的来源国，能有效地转移谴责。品牌来源国刻板印象就是指人们对某个特定国家的产品有“made-in”感知的刻板印象，来源国线索会通过其形成偏见的能力，显著影响消费者的评估。当行业中多个国内品牌同时出现问题时，消费者很容易联想到这些品牌之间的共同点——属于同一行业以及同为国内品牌。对于该行业中的国外品牌而言，他们虽与问题品牌同属一个行业，但若将国内品牌和国外品牌看成两个整体，二者之间当属竞争关系，且国外品牌与问题品牌（国内品牌）之间的关联要弱于国内品牌与问题品牌之间的关联。当单个国内品牌发生危机时，品牌使用者感知风险较高，但当行业中多个国内品牌出现危机后，本来存在着刻板印象的消费者，对整个行业的风险认知就更高。原本就对国产品牌信心不足，危机事件更加剧了他们的失望，使其对整个行业的产品质量，监管产生怀疑，导致认知风险提高。

单个国内品牌发生危机后，消费者会出现品牌转换行为。但是当多个国内的品牌发生危机后，消费者由于心理距离近而产生高的负面情绪。整个行业的无序使得消费者不知所措，他们就会选择从众行为来减少心理压力。但是多个国外品牌发生危机时，消费者感知心理距离远，这时感知风险和恐惧感都比较低，另外，由于消费者的民族中心主义使得他们对国外产品的购买意愿下降，这是由于心理压力小导致从众行为低。

四、多品牌企业危机的企业应对策略

（一）企业介入时机

多品牌危机爆发后，就涉事企业的介入时机而言，涉事企业危机处理的方式应当快速、一致和公开。主动处理危机的企业能向利益相关者传递大量的所需信息，不主动的企业很容易失去消费者的信任。而在消费者获悉企业早已知晓却没有及时采取行动去解决危机的情况下，消费者对企业的负面态

度将会因为各种负面情绪的叠加而变得更加强烈。此外，由于危机中消费者处于信息匮乏的状态，如果不能够及时有效地得到相关正确信息，那么谣言就会填补信息真空，从而强化消费者的负面态度；并且，企业及时的反应能够在一定程度上改善消费者的负面态度。

另外 George and Gary（1994）验证了危机后时间管理的重要性。他检验了危机后从收集证据到产品召回的时间跨度。他认为当危机发生后到产品召回的时间是个重要因素来赢得消费者的信任。Vassilikopoulou[28]验证了产品伤害危机发生后不同时间段（3 天，3 个月，3 年）消费者的反应，他发现危机的影响在几个月后比刚发生时影响要小，消费者忘记了危机和其影响，尤其是当公司非常负责任，产品危机后还主动进行召回时。

（二）企业介入方式

近几年，国内外很多行业都出现了不同程度的产品伤害危机事件，从高科技行业到传统行业，以及食品加工行业、医疗卫生行业、机械制造行业、零售服务行业均未能幸免。产品伤害危机发生后，涉事企业往往会采取不同的应对策略来缓解产品伤害危机对消费者情绪、购买意愿及对企业自身造成的影响。

介入方式主要分为赔偿型策略与服务型策略。产品伤害危机爆发后，涉事企业选择赔偿型策略需要其付出很大一部分现金，成本相对较高；服务型策略则相反，仅需要企业付出较小的代价即可向消费者表明自身立场和态度。赔偿型措施本身是对已经发生的问题进行补偿，这是企业责任意识的一种体现[29]。同时，采取赔偿措施的企业必然也会通过内部措施改进等方式去提高未来的产品质量，以避免再次发生类似问题。从这个角度看，赔偿型措施的综合效果包含了服务措施的部分效果，而且赔偿型措施在短时间内似乎更容易得到消费者对涉事企业主动悔改诚意的心理认同，从而呈现出相对较高的购买意愿。然而，由于产品伤害危机中的信息在长时间后将被消费者逐渐遗忘，尤其是在涉事企业进行主动召回产品的情况下更为明显。因此，服务型措施的长期效果会比赔偿型措施更好，影响时间也更长。

与服务型措施相对应，在多品牌企业危机事件中，比较典型的是服务型企业的危机事件。服务失败是服务企业无法回避的问题，即使最受青睐的服务商也难以保证“零缺陷”的服务。服务补救是降低服务失败负面影响的关键。当多品牌企业危机发生时，企业可采取过程改进、补偿、道歉、沟通四种服务补救措施。服务补救，是指组织应对服务失败时采取的行动，即服务提供者应对服务失败的行动和过程。在补救过程中，顾客会比接受日常服务和首次服务投入更多的情感和精力，补救不当会造成比服务失败更严重的不满，补救恰当会提高顾客满意、忠诚度和正面口碑意愿。

过程改进是服务商分析服务失败反映出的问题，关注服务失败的原因，从而改进组织运作和服务水平，以防止服务失败再次发生；补偿措施是提供折扣、赠品和礼品等经济补偿；沟通措施是指服务提供商已找到服务失败的原因，并尽最大努力进行补救，以及提供服务改进过程的信息；道歉措施表达了服务商对顾客的礼貌、殷勤、关心、尽心和认同。从管理理念上，要重视服务失败所带来的长期影响。

整体来看，在不可辩解的危机中，采取赔偿措施的态度，可以最大限度地从情感和物质上补偿受到伤害的消费者，有可能因此而获得消费者更多的谅解和认可。群发性产品伤害危机中，涉事企业既要慎重考虑到底是否要在自身问题被曝光前主动介入，还要慎重考虑一旦介入，应该采取何种应对方式。企业的付出并不总是能得到消费者的认可，管理者应当学会从消费者的角度看待产品伤害危机中涉事企业的表现。付出很大成本的赔偿型措施并不总能得到消费者的认可，消费者对企业选择的介入时机和应对方式有着他们自己的“介入评价”。品牌企业危机本身以及涉事企业在危机中的表现等因素一起构成外部刺激，消费者对这种刺激的不同认知和评价水平，往往会导致其不同的情绪反应从而表现为不同的行为意向，而且这种行为意向会随着时间和信息而改变。

（三）企业说服策略

多品牌企业危机中企业应对策略主要表现在企业如何进行说服策略。危机后消费者产生负面情绪，因此，企业在品牌关系再续的实践中，必须结合消费者负面情绪来选择适当的说服策略。当品牌危机发生导致品牌关系断裂时，消费者会存在不同类型（如：后悔或生气）和不同强度（如：低或高）的负面情绪，情绪会影响消费者信息处理方式[30]，进而影响说服策略的效果，因此企业会根据消费者的不同情绪选择不同的说服策略。

说服策略是指说服者通过正确沟通信息的方法，去成功影响被说服者心理状态的一种主观行为方式。危机事件发生时消费者对于事件的进展、处理过程都比较关注，这时企业应该及时公布这些信息，通过不断地信息交流加强与公众的沟通，安抚情绪，减少敌对情绪的产生。另外，企业此时也需要和消费者保持沟通，了解消费者对产品的看法和态度，注重消费者的情感重塑。

在处理负面信息时，企业经常采用的说服策略有反驳型策略、诊断型策略[31]。反驳型说服策略主要是通过提供与品牌本身相关的证据来降低负面信息的有效性，比如重点质疑负面信息的可信性、完整性和样本的有效性。而诊断型说服策略则是通过将品牌负面信息与同一产品类别的其他品牌作对比来降低负面信息的影响。当消费者负面情绪强度低时，无论消费者是后悔或生气，企业都应该采取反驳型说服策略。但是，当消费者负面情绪强度高时，如果消费者感到后悔，企业应该采取反驳型说服策略；如果消费者感到生气，企业则应该采取诊断型说服策略。

（四）企业信任修复策略

信任是基于对对方行为意图的积极期望而愿意接受由此带来的风险的心理状态。信任对组织的积极作用已得到实证研究的广泛证实。然而，信任一旦遭到破坏，这种积极作用就会消失。危机发生后，企业信任遭到不同程度的破坏，亟须进行信任修复。

信任修复一方面要降低违背行为已经产生的消极影响，另一方面还需要建立积极的预期或积累有利的变化。企业的行为分为不信任的约束机制（Constraint mechanism）和信任的展示机制（Trustworthiness Demonstration）两类。所谓不信任的约束机制是通过控制与防止未来再次出现信任违背来减少信任方对失信方的不信任，从而达到信任修复的目标；信任的展示机制是通过重新建立双方积极的信任关系来修复受到破坏的信任。姚琦等（2012）在此基础上研究了组织（企业）的信任违背引起员工对组织信任下降从而出现离职情况下的企业信任修复，得到类似结论，即同样将修复策略分为约束策略和展示策略两类，约束策略指订立合约、建立或完善规范、惩罚、监督等方法，以建立不信任的约束机制，展示策略采用口头和行为，诸如道歉、承认责任、赔偿损失等方式展现自身值得信任的方面。不信任的约束机制可以预防未来再次出现信任违背，降低对未来消极的预期；而信任的展示机制则是将自身值得信任的因素展现给被信任方，以建立对未来的积极预期。这两个机制既存在区别又互相联系，共同对信任的修复发挥作用。

危机暴露了企业制度或者管理方面的缺陷，这时企业要进行一些制度的变革和改进，通过订立合约、建立规范等约束策略来改进企业的管理。由于企业信息沟通策略正向影响消费者的行业信任，危机事件发生时消费者对于事件的进展、处理过程都比较关注，这时企业应该及时公布这些信息，通过不断的信息交流加强与公众的沟通，安抚情绪，减少敌对情绪的产生。另外，企业此时也需要和消费者保持沟通，了解消费者对产品的看法和态度，注重消费者的情感重塑。

（五）相关主体的策略

产品伤害危机的应对方式可以分为四种类型。第一类是企业应对，只有企业一种力量独自应对产品伤害危机（三株口服液危机）；第二类是行业应对，由行业机构出面向消费者作出解释（芬达美年达致癌危机）；第三类是专家应对，由公共研究机构的专家出面作出解释（高露洁涉嫌致癌危机）；第四类是政府应对由政府机构出面作出解释（巨能钙涉嫌致癌危机）。

不同主体应当根据具体情况采取不同的应对方式。首先对于企业而言，处理产品伤害危机最好的方式就是在自己积极应对的同时尽早争取到外界力量的协助，应对产品伤害危机，帮助自己澄清产品无害性和无重大缺陷性。由于外界力量通常具有更高的可知觉专家性、可知觉信赖性，消费者更愿意相信他们对于产品无害性和无缺陷性的澄清。因此外界应对的效率会大大高于企业应对的效率。但是考虑到外界通常不可能在危机发生的第一时间就介入危机的应对，企业应该在自己应对的同时尽快找到三种外界力量帮助自己澄清产品的无害性和无缺陷性。

其次企业在选择外界力量协助处理产品伤害危机时，应当尽可能选择权威性较高的政府机构，由政府帮助其澄清产品无害性。这是由于政府的监管机构通常具有更高的专家性、权威性和信赖性，具有更强的公信力，因而对顾客的购买行为具有更大的影响力。因此从长远发展的角度来看，危机的发生总是不可预测的。企业平时就应该做好与相关部门的沟通工作，采取定期主动送检产品等方式与政府部门沟通相关信息。如果政府部门更熟悉企业的产品性能，这将有利于政府更及时、更主动地介入危机应对。最后对于政府、专家而言，应该尽早主动介入产品伤害危机的应对。如果通过政府和专家的鉴别证实产品的缺陷是在法律法规和安全标准的允许范围内（比如：含有微量的防腐剂、抗氧化剂）政府和专家就应该尽早主动向社会公布产品检查结果。这样做不仅可以缓解消费者的恐惧情绪，也可以挽救一个企业的市场份额。因此我们作出以下建议：

第一，在发生危机后，企业、政府、行业组织应该主动澄清事实，帮助安抚消费者的情绪，减少他们的风险感知与焦虑情绪。当恐慌情绪出现后，企业、政府应该稳定人心，恢复保持消费者对行业的信任。多品牌危机后政府被认为未能履行义务，监管职能受到质疑，从而导致消费者对政府等管理机构公信力的下降。信任下降后，政府就要采取相关的措施进行修复，而作为立法、监管和维护的主体，修复措施的实施就是完善这些职能的过程。政府首先要完善制度保证体系，只有完善的法律才能保障政府规制行为的有效实施。其次要保障这些制度能有效实施，政府要积极兑现承诺、提高监管的能力，提高消费者的满意度和忠诚度，政府是法律的制定者，设置监管制度，并且通过行政立法的形式来具体化某些内容来实现这些制度的机能。对法规法制的完善能够明确权责，约束行业各方行为，提高消费者信任和购买安全感。为了避免行业危机的发生，应该加强政府监控，使得政府从行政管理的角度对整个行业进行有效的监控与治理。在监督执法方面，政府需要建立合理的监管体系，明确不同监管部门的职权范围，防止职权的重叠现象。还需要不断地对制度建设和监管方式进行更新，以适应形势的发展。此外，为了保证安全监管责任的有效实行，政府需要建立严格和完善的安全方面的政府问责机制，强化对政府的责任控制。积极履行政府在行业中的调控职责，及时响应市场变化，制定利于行业健康发展的计划。

第二，为了避免行业危机的发生，应加强专业机构认证。专业认证机构作为独立于政府的机构，虽然没有政府的强制力，但其有对产品质量进行认证的专业能力，也是相对于生产企业及行业较为独立、无利益关系的第三方，所以在消费者心目中具有一定的权威性。通过专业机构的认证，包括原产地认证、质量认证、标签管理等，能够保证产品的质量安全，让消费者放心购买，从而恢复消费购买意愿。

第三，为了避免行业危机的发生，应该加强行业规范，我国目前很多行业发展迅速，但其行业规范却没有跟上发展的脚步，与发达国家相比还存在很多不足，这些不足使得消费者对产品的质量安全心有顾虑。行业标准等规范是行业经营者应遵守的最基本的准则，只有加强行业规范，才能保证我国产品的安全，从而保障行业的健康发展。

第四，加强媒体的管理，利用媒体进行正面宣传。危机发生后要对所有的数据进行认真审核，避免报道失误，提高媒介的可信度。另外，要求企业主动给媒介提供正确无误的信息，使得企业和政府能够有效地合作来减少公众的恐慌感，在此基础上提高消费者的行业信任。

五、多品牌企业危机后市场恢复策略

产品伤害危机后企业产品重新进入市场，面临的首要问题是如何重新赢回消费者恢复市场。由于伤害危机及其后续的产品退市等负面影响，消费者对产品的品牌态度有负面的变化，其购买意愿也迅速下降。因此重入市场的产品采取一定的促销策略重新赢回消费者是大多数企业的选择[32]。

（一）危机后市场恢复中的销售促进

危机后企业经常采用销售促进的方式来提高企业的销售额。促销活动主要在向消费者提供一个购买的诱因，达到吸引消费者购买的目的。厂商进行诱因式促销活动，不但可以吸引新的试用者及优惠忠诚的顾客，更可以吸引转换品牌的消费者。销售促进的工具很多，可根据销售促进对象、销售促进内容等进行分类。Sawyer 和 Dickson（1990）认为，第一类促销方式是给产品增加价值，如加量装；第二类促销方式是为消费者减少成本，如打折。如果促销是以产品形式进行（如赠送免费小样），那么消费者不太容易将从中所得的好处与价格联系在一起。所以这些促销被认为是获得额外价值，如加量装；相反当促销是以金钱形式进行（如打折），消费者们则会很容易把它们和价格联系在一起，这些促销就被看作是为购买减少成本[33]。Campbell 和 Diamond（1984）按照销售促进诱因是否与产品价格有关，将销售促进分为价格导向与价值导向两种。其中价格导向的促销方法一般有折扣、现金券、退款优惠等，其中折扣最具代表性；而价值导向的促销方法一般有免费样品、赠品、抽奖、有奖竞赛、售点陈列等，其中赠品最具代表性。

（二）危机后市场恢复中的广告策略

当企业的品牌发生危机事件时，广告策略往往被忽略，大多数企业都以公关为主，还有专家认为，危机中做广告，不仅浪费钱，效果不理想，而且还会因为企业的形象使得消费者对广告有抵触，实际上当危机发生后离不开危机公关和广告。这时，危机公关的主要目标就是修复品牌，而广告则是塑造品牌。

以品牌为中心的广告可以分为品牌产品广告和品牌形象广告两大类型。前者的意义在于推销商品，后者的意义在于推广形象。两类广告的主要区别在于它们是否提供品牌商品与服务的具体信息，如性能、功用、质保、利益等。两者的联系在于双方相互支持、彼此呼应。危机发生后，企业管理者需要根据危机的性质选择不同的广告类型，借助广告活动塑造品牌形象从而使品牌理念转化为社会交往过程中的大众文化现象和商品交换过程中消费者的心理现实。品牌形象是品牌理念的感性表现，体现着品牌理念的文化与心理定位。以品牌为中心的广告的价值就在于实现品牌形象的文化心理定位，使广告主的品牌购买建议转化为消费者的品牌购买行动。

（三）危机后其他策略的实施

国内外众多学者也提出了自己的观点，VanHeerde（1994）指出，最优的策略是通过小心地建立商业程序并建立监督机制，以完全避免产品伤害危机。次要方案是当所有事前工作不起作用而产品危机危及顾客的健康或福利时，选择合适的反应方式。Smith（1999）认为营销手段可能具有说服顾客重新购公司产品的作用。Goodman 和 Malkbc（2012）对产品召回后的产品策略进行了探讨，指出企业在产品伤害危机中主动召回非常重要，然后另一个需要立即解决的问题是公司必须决定是导入一个新的安全的产品来替代失败产品，还是仅仅在召回后放弃旧的产品。

当产品伤害危机后，企业在恢复市场时会从其企业能力、市场情况等方面考虑主要采用如下产品策略：（1）产品维持：该策略是指不改变产品的三个层次的内容；（2）缺陷改进：该策略是指在改变引起产品伤害危机的相关因素之后不再进行其他改变的策略；（3）功能增强：该策略是指在原有产品基础上附加产品或潜在产品的内容，从而增加产品的顾客价值。

这三种策略中，产品维持对产品价值的提升没有作用。缺陷改进对产品价值的提升有一定作用，而功能增强是三者中最能提高产品价值的策略。由于产品伤害危机的发生，顾客对购买产品的感知风险增加，从顾客让渡价值的角度来看，顾客的心理成本增加从而顾客让渡价值减少，此时采用能提高产品价值的策略能较好地增加顾客价值，从而增加顾客的购买意愿。然而，即使能提升产品价值的策略似乎是危机后企业的最佳产品策略，但由于种种原因如企业基于成本的考虑或者基于保护整个产品线的考虑，并不一定会采用功能增强的策略。现实中这三种策略都是危机后企业经常采用的。同时企业常会采用销售促进、广告促销等促销方式以取得市场恢复的有效性。除此之外，企业还可以调整营销策略以应对危机，从产品、价格、渠道、促销、公关等方面进行改进，通过改进缺陷产品，对缺陷产品进行重新设计，对缺陷产品进行降价、促销等防止危机的再次发生。

整体而言，消费者认为解决危机最重要的是应该实施约束策略，包括重新制定规章制度，加强质量监管，加大原料质量的控制，加强生产过程控制。多品牌危机对消费者信任的损害往往是长时间的，对品牌的负面态度仅仅通过即时处理难以扭转，消费者在内心更需要企业制定长效机制保障产品的安全，因此约束策略的实施可以在第一时间消除不安，重塑信任；其次是主动召回策略，企业积极地召回产品，承担了社会责任，最大限度地弥补消费者的损失，对于企业善意、正直信任和能力信任的修复都有帮助，用实际行动解决当前问题，安抚情绪，积极重建消费者的信任；最后是信息的沟通，消费者认为有效的信息沟通能够提高对企业的信任。多品牌危机发生后，消费者同企业间普遍存在的质疑状态严重影响双方的交流，在解决问题、重塑信任的过程中企业需要注意信息沟通的流畅性，确保其他修复措施的目标能够实现；消费者认为营销策略的效果最差，不能有效地提升信任。

政府修复策略方面，消费者认为提高对政府的信任最重要的应是加强监管，包括加强对专业认证机构的管理，制定完善的行业规范，加强对媒体的管理等。我国食品行业的监管缺失，监管力度不够是造成危机事件频发的原因之一。政府首先积极履行自身监管责任为当务之急；其次是完善立法的措施，消费者认为法律法规的不健全造成危机行为没有受到制裁，所以政府应该对法律法规进行完善和修改，健全质量管理制度，完善行业的质量标准体系；最后，加大调控措施力度。应该建立完善的信息披露制度，调控市场资源，优化配置，保证行业整体运行效率，恢复受损市场，重建消费者信任。

所以，从企业角度而言，首先企业应加强质量管理，完善质量管理体系。从原材料的采购、生产到流通的各个环节进行全程控制。严格执行国家相关的原材料检测标准，把各环节、各工序的质量管理职能纳入统一的质量管理系统，明确产品质量为一切服务之根本，最终形成一个有机整体的全价值链监控体系。其次，企业要积极主动地承担自身责任，不推脱抵赖，本着积极妥善处理危机的诚意，认真负责地解决问题，以此重获消费者的好感。最后，企业要加强与消费者的交流，塑造积极的情感和行为。倾听消费者的宝贵意见，时刻以消费者利益为中心，及时解决问题，从而赢得消费者的理解和信任。从政府等监管部门的角度而言：首先，加大行业监管力度，构建全方位的监管体系，确保公平的市场环境，为交易的顺利开展创造良好的环境。其次，政府应该完善相关的法律、法规，确保整个产业链的安全。对产品生产的整个过程立法，明确违法者受到的处罚和应承担的责任。最后，监管部门要建立企业考核机制，对企业进行定期检查、不定期抽查，并将检查结果信息公开，让各企业接受公众的监督，增强消费者和投资者的信心。总体而言，政府作为整个市场中的第三方，应充当好裁判的职责，做到有法可依，有律可循，并严格监管行业内部各项活动，对于损害市场发展的行为决不姑息，以实际工作恢复并主动重塑消费者信任。

六、典型案例示例

2012 年 11 月 19 日，21 世纪网记者购买 4 瓶单价 438 元的酒鬼酒，送往上海天祥质量技术服务有限公司进行检测，检测得出酒鬼酒中的塑化剂（DBP）含量为 1.08 mg/kg。受此事件影响，白酒板块全线大跌，11 月 19 日市值一天蒸发 329.9 亿元，酒鬼酒临时停牌。

塑化剂又称增塑剂，添加在塑料中可增强柔韧性，容易加工。产生原因主要有 4 个：非法添加（饮料增稠）、环境污染（塑料进土壤进入食品原料）、加工环节（过程接触塑料橡胶迁移污染—易溶于油脂和乙醇）、塑料包材（接触到油脂和乙醇等便会融入）。塑化剂广泛存在于生活的各个角落。经检测，所有 PVC 制品都含有塑化剂，而 PVC 的保鲜膜、托盘、塑料瓶、垫片等在企业生产和家庭生活日用品中广泛使用。塑化剂对人体的危害非常大，可能会导致肝癌、不育、性早熟、生殖器损害、基因突变等。

随后，白酒“塑化剂事件”，继续发酵，白酒界上演了一场罗生门，茅台、五粮液、洋河等（多为上市公司）11 种白酒均被某些机构送检，导致整个白酒板块股票一度下跌 20%以上，其中，茅台股价一度呈弱势震荡态势。

同时，一篇来源不明的《酒业协会回应：全国白酒产品基本都含塑化剂成分》稿件也开始被各大媒体转载，加速舆情升温。11 月 19 日以“酒鬼酒塑化剂”为主题的新闻报道高达 837 篇，新浪微博近 8 万条。舆论从对酒鬼酒的质疑，发展到对中国白酒行业的质疑，“全国白酒”“塑化剂”“有毒”“致癌”等字眼充斥网络。面对汹涌的舆情，各方表态不一，酒鬼酒称“监测机构手段不权威”、第三方检测机构中国区总裁回应说“没有接受过媒体的相关委托”、专家则称“加塑化剂或有意为之”，投资机构发表“做空阴谋”论、网民更是惊呼“酒鬼酒真有鬼？”舆情发展阶段；媒体继续追踪，连续一周热度不减。从 11 月20 日开始，更多媒体开始跟进“酒鬼酒塑化剂”报道，并且在此后的一周（除周末外）热度不减，每日近 2000 篇的报道量让“酒鬼酒塑化剂”问题持续成为各大媒体关注热点。其中，11 月 21 日国家质检总局证实酒鬼酒的确存在塑化剂超标、22 日国家市场监督管理总局称每天喝 1 斤无害、25 日酒鬼酒表示已找到塑化剂三大来源的三大新闻热度值最高。网民在新浪微博里的讨论则在 11 月22 日达到高峰，当日有超过 70 万条的微博关注酒鬼酒“塑化剂”事件，网民在批评企业隐瞒真相的同时，纷纷对“1 斤无害论”表示不满。

随着事态的发展，塑化剂的影响也从酒鬼酒扩散至整个白酒行业。受此影响，在二级市场上的沪深两市白酒股 19 日出现集体暴跌，均跌幅达 5.87%，市值一日蒸发 329.9 亿元。

资料来源：作者整理

参考文献：

［1］Dawar N. and Lei J. Brand crises：The roles of brand familiarity and crisis relevance in determining the impact on brand evalua-tions［J］. Journal of Business Research，2009，（62）：509-516.

［2］George J. Siomkos，Gary Kurzbard. The Hidden Crisis in Product-harm Crisis Management［J］. European Journal of Marketing，1994，28（2）：30-41.

［3］Niraj Dawar，Madan M，Pillutla.Impact of Product-harm Crisis on Brand Equity：The Moderating Role of Cusumer of Expecations［J］. Journal of Marketing Research，2000，37（2）：215-226.

[4] 张淑萍 . 多品牌危机事件对乳品行业信任的影响研究 [D] . 中国农业大学，2014.

[5] 姜金贵，张琦，沈丹薇，宋艳 . 社会化媒体环境下不可辩解型产品伤害危机演化博弈研究 [J] . 运筹与管理，2019，28（7）：17–25.

[6] 卢强，冯蛟，李辉 . 多品牌产品危机中企业应对策略对消费者购买意愿的影响研究——消费者负面情绪的中介作用 [J] . 北京交通大学学报（社会科学版），2017，16（3）：63–73.

[7] 崔保军 . 群发性产品伤害危机对广义信任水平的影响研究 [J] . 管理学报，2016，13（7）：1012–1018+1037.

[8] George J. Siomkos. On achieving exoneration after a product safety industrial crisis [J] . Journal of Business & Industrial Marketing，1999，14（1）：17–29.

[9] Kasovac Mitchell. Osteopathic medical education in the 21st century--Translating educational challenges into professional opportunities [J] . Journal of Osteopathic Medicine，1999，99（8）：405a–405–407.

[10] 臧维，孟博 . 产业视角下商业模式分类方法研究 [J] . 商业时代，2010（11）：111–113.

[11] 全国 13 所高等院校《社会心理学》编写组 . 社会心理学 [M] . 南开大学出版社，2016，06：377.

[12] 李辉，冯蛟，张淑萍 . 多品牌危机中的“替罪羊”效应对行业信任的影响 [J] . 企业经济，2017，36（5）：20–26.

[13] Gollwitzer M. 2004. Do normative transgressions affect punitive judgments ? An empirical test of the psychoanalytic scapegoat hypothesis [J] . Personality and Social Psychology Bulletin，30（12）：1650–1660.

[14] Goodman J. K.，Malkoc S A. Choosing Here and Now Versus There and Later: The Moderating Tole of Psychological Distance on Assortment Size Preferences [J] . Journal of Consumer Research，2012，39（4）：751–768.

[15] 田卫东 . 网络事件情绪传播研究——以《漠河舞厅》爆红网络为例 [J] . 新闻研究导刊，2022，13（18）：37–39.

[16] 杜建刚，范秀成 . 服务消费中多次情绪感染对消费者负面情绪的动态影响机制 [J] . 心理学报，2009，41（4）：346–356.

［17］刘铁民．警惕特殊化妆品多米诺骨牌效应［J］．中国化妆品，2020（11）：24–27.

［18］邹德强，赵平等．期望不一致对满意影响的函数形式：展望理论的预测［J］．南开管理评论，2008，11（6）：79–85.

［19］Chandran S，Menon G. When a day means more than a year：Effects of temporal framing on judgments of health risk［J］. Journal of Consumer R esearch，2004，31（2）：375–389.

［20］任金中，景奉杰．产品伤害危机模糊情境下自我一致对归因及行为意向的作用机制［J］．营销科学学报，2012，8（3）：88–106.

［21］Grayson K，Johnson D，Chen D. Is Firm Trust Essential in a Trusted Environment How Trust in the Business Context Influences Customers［J］. Journal of Marketing Research，2008，45（2）：241–256.

［22］冯蛟，卢强，李辉．群发性产品伤害危机中未曝光企业应对策略影响消费者购买意愿的动态机制研究——来自解释水平理论框架的解释［J］．商业研究，2016（8）：107–119.

［23］Liebermann Y，Flint–Goor A. Message Strategy by Product–Class Type：A Matching Model［J］. International Journal of Research in Marketing，1996，13（3）：237–249.

［24］杜建刚，马婧，王鹏．负面情感事件对一线服务人员情绪、满意及承诺的影响——以高交互服务行业为例［J］．旅游学刊，2012（8）：60–67.

［25］Heider F. The Psychology of Interpersonal Relations［M］. New York：Wiley，1958.

［26］Nebenzahl I D，Jaffe E D. Measuring the joint effect of brand and country image in consumer evaluation of global products［J］. International Marketing Review，1996，13（4）：5–22.

［27］吴坚，符国群．品牌来源国和产品制造国对消费者购买行为的影响［J］．管理学报，2007（5）：593–601.

［28］Vassilikopoulou A.，Siomkos G.，Chatzipanagiotou K，et al. Product–harm Crisis Management：Time Heals all Wounds［J］. Journal of Retailing and Consumer Services，2009，16（3）：174–180.

[29] 冯蛟，卢强，李辉. 群发性危机中未曝光企业应对策略对购买意愿的动态影响——品牌声誉的调节作用 [J]. 当代财经，2015（5）：66-77.

[30] 黄静，童泽林，张友恒，张晓娟. 负面情绪和说服策略对品牌关系再续意愿的影响 [J]. 心理学报，2012，44（8）：1114-1123.

[31] Ahluwalia，Rohini. How Prevalent Is the Negativity Effect in Consumer Environments [J]. Journal of Consumer R esearch，2000，29：270-280.

[32] 董亚妮. 产品伤害危机市场恢复策略研究 [J]. 商业研究，2010（1）：23-27.

[33] Dickson Peter R.，Sawyer Alan G.. The Price Knowledge and Search of Supermarket Shoppers [J]. Journal of Marketing，1990，54（3）：42-53.

第三章
代言人道德失范危机

作为公众，代言人是一个被社会大众所广泛熟知的群体，他们的一举一动备受媒体和公众的广泛关注，具有巨大的社会效应，在发展社会公共事业、发挥模范典型方面具有重要的现实意义，在培育和践行社会主义核心价值观中发挥着重要作用，是维护社会稳定，建立和谐社会不可或缺的一部分。然而，近年来，影视明星酒驾吸毒、知名企业粗制滥造、网络媒体恶俗炒作等道德不端事件频繁发生，代言人道德失范危机参差不齐，代言人道德行为一次次被推上舆论的风口浪尖。代言人道德失范作为一种社会现象，遏制代言人道德失范，引导娱乐圈健康向上的风气，需要道德层面的谴责，也需要违法行为的追究。只有在企业和公众建立了这样的共识，对代言人道德失范危机采取零容忍的态度，才能形成震慑效应，为社会大众作出正面的示范。

一、代言人道德失范危机的相关概念

（一）代言人内涵

有关代言人的概念，国内外学者基本从代言人类型、代言效果、知名度、品牌形象与品牌联想这几个层面展开。国外对代言人的研究起步较早，

Mowen 和 Brown（1981）提出代言人是出现在产品广告中用来改变消费者对广告态度的一类人[1]。在此基础上，有部分学者对其概念进行了丰富，他们认为代言人是指借助自身的高知名度，使消费者了解与购买被代言品牌的产品或服务，帮助企业宣传的个人[2]。国内学者对代言人的研究兴起于21世纪初，从代言人特质出发，郎家丽（2006）将代言人定义为企业花费重金聘用的高知名度人物，通过广告等形式使消费者联想到代言人自身闪光点，并接受和喜爱其代言的产品，从而达到企业盈利目标[3]。另外，田建春（2008）对代言人的范围进行了细分，他提出除了名人之外，代言人还可以采用企业家、虚构人物和卡通人物，以此来向公众传达能够代表企业精神、产品特性的企业形象，获得消费者青睐[4]。从代言人的联想性角度来看，张洋和张道卓（2014）认为代言人通常是企业惯用的营销方法之一，认为消费者对聘请或塑造的人物产生较好的第一印象，并能够将其知名度、品格特质和职业形象与品牌进行联想[5]。

代言人的类型划分方法众多，可从以下几个视角划分：从真实与虚拟的角度来看，可分为真实代言人和虚拟代言人[6]。从代言人身份领域来看，可分为明星、专家、典型消费者以及企业家[7]。在此基础上，后续有国内学者提出，演员、歌手、运动员、政治家等均可以作为品牌代言人[8]。另外，随着自媒体风起云涌，一些关键意见领袖也表现出不小的影响力，逐渐成为一类独特且吸引眼球的代言人[9]。

在市场营销领域，明星代言人和企业家代言人最为常见[10]，因此，这两种类型的代言人具有一定代表性、重要性与研究价值。企业选择明星代言的初衷往往是希望通过明星的知名度，迅速打开消费者的品牌联想，将明星与企业品牌之间建立紧密联系，进而提升品牌知名度。然而，随着明星代言品牌数量的增加与代言费用成本的提高，许多企业家从幕后走到台前，成为品牌的代言人，例如，董明珠代言格力电器、罗永浩代言锤子手机、陈欧代言聚美优品等，企业家为本家品牌代言的实践逐渐增多，其中的缘由也许是企业的资金状况不足以聘请知名明星代言，又或是采用本家品牌的企业家代言能展现更强的可靠性与说服力[11]。

纵观商业活动宣传，明星代言是一个非常普遍的现象。代言明星主要通过信息传播机制中的吸引力为企业的品牌声誉带来积极影响，也有一些专业领域的代言明星是通过专业性带给消费者更高的信任，从而给企业带来更高的绩效。名人代言是一种“物超所值”的品牌宣传战略。许多企业不惜重金邀请、宣传和推广名人代言，代言人费用甚至占营销费用的一半以上。在现今的名人代言实例中，品牌为了增强影响力和扩大消费群体，越来越倾向于采用两位或两位以上名人同时代言的策略，即品牌多名人代言（multiple celebrity endorsers）。例如，劳力士的代言人曾经高达 42 人，百事可乐 2004 年度代言人共有蔡依林等 6 位名人。品牌代言人是通过在品牌宣传活动中进行陈述，或以行为来表现品牌形象和特征的人[12]，是消费者与品牌建立关系的关键载体[13]。品牌代言人的关键作用在于展现品牌身份，从而有助于消费者与品牌建立关系。

（二）代言人道德失范内涵

从历史视角来看，道德失范是人类生产方式和社会制度重大转型时期社会道德生活的一种现象。这种现象在现实层面表现为人们社会道德生活的失范、无序，在精神层面表现为人们的道德信仰危机与冲突。我国社会主义市场经济体制建立和完善过程，也是社会转型的重要时期，它对人们行为方式乃至精神生活的影响是巨大而深刻的。这种影响直接作用于人们社会生活的重要领域——道德生活领域，会导致一定程度的道德失范现象。道德失范因其对人们社会生活方式的冲击，以及对人们道德价值体系所具有的破坏力而受到广泛关注。

关于道德失范现象的定义和分类，孙传文（2008）[14]认为所谓道德失范，是指在社会生活中，作为存在意义、生活规范的道德价值和伦理原则体系的缺失，或者缺少有效性，从而不能对社会生活和人们的个人生活发挥正常的调节引导作用，表现为社会生活和个人生活的失控、失序和混乱。通常，道德失范首先指的是一种社会状态，在这种状态中，社会原有的道德价值观念，行为模式和道德规范体系被普遍质疑、否定乃至被严重破坏，逐渐丧失对社会成员的影响力与约束力，在现实中形成道德规范的事实“真空”，呈现出某种明显的道德混乱。道德失范包含着人们精神和行为两方面的内容：在精神上表现为道德心理的失落、混乱和道德观念的缺失、动摇；在行为上表现为举止仪表和动作语言的过份越理，或者说行为的无度与越轨。概括言之，道德失范就是以人们心理中的意义系统危机和道德价值危机为基本内容，并大量地表现为行为层面的越轨现象。然而，学界公认的两种阐释方式：一是尚重生教授在其编著的《当代中国社会问题透视》一书中认为，道德失范是指相对于道德规范而言，人们在生活中越来越感觉约束，想要挣脱，因此，道德约束力正慢慢弱化甚至丧失，致使原本道德素质较好的社会成员们开始不遵守社会规范，触碰道德底线，甚至昧着良心去做一些违背社会主义核心价值观的行为[15]。二是高兆明（2001）认为，“道德失范”是社会必然发生的现象，因为人们内在的精神世界意义系统遭到破坏或被动摇、否定甚至失败，导致道德意识层面或者行为层面产生某种不合道德规范的现象[16]。道德失范是社会历史发展的产物，是历史的必然选择，我们没有必要去质疑它存在的合理性，我们要做的是如何在最好的情况下避免失范行为的发生，将它的概率降至最低，以自己的实际行动去控制它。

关于道德失范这一问题的探讨，学界公认的涂尔干和默顿的两种阐释方式：法国社会学家涂尔干首次提出这一概念，他认为一是当时自己所处的社会非常危险，社会法规不健全甚至法规之间相互产生严重分歧，二是社会成员之间没有共同的生活目标、价值追求和评判标准，人们行为散漫，缺少对失范行为的控制力和惩罚措施。涂尔干（2000）指出，当前社会存在着很多相互矛盾并且规范模糊的地方，因此必然导致社会失范现象[17]，在《自杀论》中，涂尔干进一步指明失范可以体现出人们的某种特殊欲望受到了约束。其次美国学者默顿在涂尔干的基础上做了进一步的论证，他指出失范是人们对于社会所设定的目标与达到这些目标的要求不一致的状况。涂尔干和默顿所探讨的“社会失范”概念中都包含着道德失范的含义，因为他们所考虑的就是道德失范的层面，比如价值准则和社会规范等。

道德失范是相对于道德规范而言，在整个社会环境中，道德客观上对人们的一言一行起到调节作用，由此，人们知道什么是美、丑、善、恶[18]。目前在国内的法律文献中，尚未对道德失范有任何界定。比较权威的是高兆明教授的分析：人们在日常生活中，其存在的价值和意义以及生活规范或多或少与设想的社会规定的道德要求有出入，或者缺少持续性，或者缺少有效性，不能调节正常的社会生活，从而，人们表现的社会行为相对混乱。总而言之，道德失范是相对于道德规范来说的，当社会规范不再具有约束性，不再产生影响，社会便会混乱不堪，这是道德失范的一种表现方式。道德规范是一种非强制力、非制度化的规范，它需要借助人们内心的信仰，传统的习俗习惯，将这些习惯转变成人们共同的道德追求、情感意志和理想信念，内化成自己高尚的情操，外化成自觉的行动，促使人们自觉地去履行道德义务。因此，每个人按照道德规范做事，只有这样，才能获得更好的发展。

关于代言人道德失范，可以理解为它是以代言人的道德规范为前提的，也就是说代言人的行为本身就存在一定的价值标准，而且这些标准是合理可行的，在特定的时代背景下推动社会发展、人类进步，同样也代表了这个时代的政治利益集团。道德失范对调节社会关系以及传承社会优良传统等方面起到严重的破坏作用，从这个角度上看，道德失范是消极的，是应该力求避免的社会现象。另外，因为道德不是一成不变的，是具有历史性的。道德失范正是旧道德与新道德之间的中间环节。新的道德规范就孕育在道德失范的社会生活中，要辩证地看待道德失范现象。

代言人道德失范与一般的道德失范相比，显现出更加鲜明的局域性与职业色彩，而且要承担更多的责任和义务。首先，大部分代言人都有其各自在社会生活中所扮演的角色，企业家、明星等，虽然职业具有其专业性，代言人道德也会通过新闻媒体的传播间接影响到社会其他领域，但它还是以调整公众内部的社会关系为主，因而，代言人道德失范在职业范围内部“反示范效应”明显，直接破坏其各自职业道德的实效性，而且不利于展现社会凝聚力。另外，社会风气是一个国家长期形成的过程，与道德之外的其他社会秩序失范（如经济秩序失范）相比，因为代言人道德失范是精神层面的混乱，所以对公众的影响需要相对来讲比较慢，但社会风气一旦形成，治理难度会更大，治理时间也更长。如果国家的经济政策出现失误，运行失衡，就会快速并且直接地影响到全国各地的群众，对人们的日常生活尤其是物质方面造成严重后果，继而中央会立即采取相应的经济政策补救，在一个相对较短时期就能迅速控制失范局面。而代言人道德失范主要是影响公众的精神领域，一般不会造成直接的物质生活影响，但是，代言人一旦出现道德失范，整治起来难度就很大，治理时间更长。其次，代言人区别于普通大众，他们的言谈举止都能在很短的时间内给人正面或者负面的影响，随着信息技术的发展和互联网时代的到来，这种影响是全球化背景下的必然发展趋势，并且会影响越来越多的青年人。现如今，越来越多的慈善家存在想做善事又找不到渠道的困扰，更有甚者做了善事不留名，他们并不是不想留名，而是避免树大招风，招来麻烦。一旦形成这股思潮，思想层面的趋势则更容易在脑海里根深蒂固，然后速度更快地影响身边的受众，导致一个群体的精神紧张。再次，社会风气看起来不是大事，人们往往会忽略，但一旦形成，那就是一股强大的力量。代言人是社会风气的引路人，他们一旦成了代言人，肩负的责任就十分庞大，他们的言行不仅代表个人品质，还代表整个社会风气，他们是社会的“形象代言人”，他们获得了观众的目光，同时相应地付出了自己的隐私权，自己的生活、感情、婚姻都聚焦在媒介的灯光下，一举一动、一言一行都成为普通大众争相议论的焦点，因此他们需要以身作则。最后，道德文明建设处于德治建设中的核心地位。我国自古以来就是礼仪之邦，崇尚道德建设，注重优良传统。作为一名具有影响力的代言人，首先要忠诚于自己的国家，不能违背国家的法律和政策，更不能肆意践踏国家的尊严和法律的威信，要有爱国情怀，怀揣着无比自豪的国家荣誉感，这不仅是对代言人的基本要求，也是对公民的要求。如果代言人道德操守不佳、行为不检点，即便是少数甚至是极少数也会直接影响国家的形象，降低国家的威信。因此，当代言人将自己个人利益置于国家和社会利益之上，不惜损害公共利益或他人利益，这样极端利己主义的思想就会向社会扩散，形成“人人为己”的社会风气，导致整个社会的行为失范。

二、代言人道德失范危机的影响机理

（一）代言人道德失范危机对消费者品牌态度的影响机理

中国在千百年的传统儒家礼制影响下，仍然保留着“尚德轻才”的思想，因此对个体的评价标准更倾向于优先衡量“德”，即个人的品德[19]。尤其是代言人，不论文娱明星还是企业家，他们的言谈举止早已暴露在媒体的闪光灯下，私生活一旦发生与传统美德相悖的丑闻，就会被曝光进而对公众产生负面的影响。恰有研究也证明了，社会公众会因为某个个体出现负面行为，从而感知到其道德素质较差[20]。作为品牌代言人，一旦发生负面信息会比正面信息更容易转移到所代言的品牌上[21]，甚至消费者通常会更关注代言人所发生的丑闻。更有研究表明，当消费者对品牌作出评判时，很大程度上受到外界有关代言人不利信息的干扰[22]，公众感知到代言人的品德越低，社会公众便会对该品牌产生更低的品牌态度。有研究聚焦于明星代言人与企业家代言人这两类主体，有关明星代言人的研究发现消费者会将对品牌代言人积极或消极的感知信息，一同迁移至被代言的品牌上[23]，有关企业家代言人的研究也证明了企业家的行为举止，容易使消费者认为品牌特质等同于企业家特质。

通过上述文献并结合意义迁移理论可推断：明星和企业家作为代言人，他们都被社会文化环境赋予了一定的象征意义，成为品牌的代言人后，自身被赋予的象征意义会迁移到代言的品牌上。但如果代言人自身出现不道德事件，会产生一定的负面影响，在意义迁移的过程中，这种负面影响也能传递给品牌，使品牌具有了负面象征意义。此时这些负面象征意义又将通过品牌传递给消费者，使消费者感知到品牌也存在如同代言人一般不道德的负面意义，从而对品牌产生消极、不满和较差的态度。

此外，根据联想学习理论，品牌和代言人就是节点，他们之间的联系就是联想，他们之间的紧密程度代表记忆联想的强度[24]。有研究发现，企业家的表现会对品牌联想产生促退作用，而且会对消费者的单纯认知产生干扰作用[25]，且有研究发现 CEO 比明星具有更高的感知可靠性[26]，这种可靠性与信任感一旦受到崩塌与冲击，将会对品牌造成更大的负面影响。根据理论与文献回顾可推断，明星与企业家这两类代言人存在本质差异，明星并无代言品牌的所有权,仅仅建立了临时契约关系,与品牌之间的关系可以割裂看待;而企业家与品牌是天然关联与绑定，存在长期契约关系。因此，二者与品牌的紧密程度不同，明星多为品牌方聘请合作，相比而言，企业家是品牌的创始人与经营者，企业家与品牌的联系紧密度更强，品牌联想也更强。

（二）代言人道德失范危机对消费者负面情绪的影响机理

道德被看作人格的核心，反映了个体最基本的人格特质，所以违反道德的代言人负面事件会被消费者当作是代言人本身就具有的品质所造成的[27]。

当消费者更关注负面事件，对事件的负面感知便更强、更敏锐[28-29]，因此不论是明星代言人还是企业家代言人，一旦出现道德丑闻，会给消费者的主观意识造成一定影响。有研究表明，当名人爆发负面事件时，消费者会对品牌或产品产生负面情绪。从负面事件的类型来看，违反或者侵犯社会准则等负面事件会引起人们的愤怒情绪[30]，这种负面情绪随着负面事件造成的影响和危害程度而加深，甚至会出现一些品牌转化行为与负面口碑传播，例如抵制当事品牌、呼吁其他消费者购买竞争品牌等[31]。由情绪管理理论可知，个体受到外部刺激产生情绪后，会采取一系列行为对情绪发生与表达施加一定的影响[32]，它可以减轻、加重或持续情绪的强度[33]。

因此，从情绪管理理论与道德感知的角度可推断，当明星代言人或企业家代言人出现违背道德的丑闻事件后，会造成恶劣的社会舆论影响，冲击公众的道德认知，遭受公众厌恶，这些违反传统道德准则的负面事件会刺激消费者的主观反应。情绪是个体对外界刺激的直接反映，最能够代表主观意识，因而对于严重性较高的不道德事件，不仅使消费者对代言人产生负面评价，而且会波及被代言品牌，使消费者对品牌也出现负面情绪。

与此同时，感知负性是影响消费者情绪的重要因素，它源于内部属性与外部属性。对于明星代言人与企业家代言人这两类主体与企业的关联程度可得知，明星与企业是契约关系，属于外部属性，而企业家与企业是连带关系，属于内部属性。研究表明，内部属性的负面信息会使消费者产生更强烈的负面情绪[34]。因此，结合联想学习理论可推断，企业家是品牌的另一面形象，与品牌存在不可分割的关联，明星可以为一家品牌代言，同时也可以为多个品牌代言，因而从联想的直接性与关联度来看，代言人不道德事件触发了代言人节点，同时与其连线的品牌也被激活，消费者的主观情绪会受到代言人与品牌联想的影响。加之企业家与明星这两类代言人性质不同，企业家通常表现出更高的可信度，当其发生不道德事件对社会公众的冲击性更强，情绪上的波动也会更大。对比分析可得，企业家代言人不道德事件比明星代言人发生不道德事件带给消费者的负面情绪更强烈。

三、代言人道德失范危机的管理建议

（一）代言人要“精心打造”

1. 代言人应该选择一个形象健康，远离绯闻的艺人，这是代言人的基础条件，为了避免日后可能会发生的麻烦。一个绯闻缠身的艺人，成为代言人以后也不一定能保持良好的形象，随时可能会给企业带来危机。当然也有一些企业利用这样的绯闻艺人增加企业知名度，比如，“艳照门”事件发生后，仍然有某品牌女性洗液邀请张柏芝为其代言，最终广告被国家广电总局禁播。企业应该重视自己的美誉度、知名度，但是美誉度更重要，“臭名远扬”不是提高知名度的好方法。

2. 代言指代表品牌通过在传播中进行陈述或行为表现来介绍支持品牌，那么代言人应该与企业品牌表现出高度的一致性。品牌代言人应该与企业品牌的目标受众的喜好一致，用目标受众喜欢的方式来传播产品或品牌，只有品牌代言人对目标受众有影响力，被目标受众所喜爱、所信赖才可能在向消费者传达了产品信息之后使他们产生购买的冲动。品牌代言人应该与企业的产品特点或品牌个性相一致，并不是明星名气大就可以做代言人的，一定要仔细分析产品或品牌的特征，合理地选择品牌代言人。产品或品牌才是根本，代言人只是一个用来对外沟通的工具或者介质。企业是借助代言人来宣传产品，所以要以产品为中心，选择与产品个性一致的代言人，也只有这样，才能保证代言人和产品很好地结合，使消费者记牢代言人所代言的产品，提到代言人就可以想起产品和品牌。比如说中国移动选择周杰伦、S.H.E 等青春活力的艺人来代言动感地带，选择葛优来代言神州行，如果将两者交换的话，那么真是难以想象。品牌代言人的选择应该与企业品牌当时的战略目标相一致。例如企业的目的是迅速进入一个新的细分市场，则应该选择在该细分市场上具有较大影响力的人或者物担任代言工作，可以达到被消费者迅速识别进而占领市场份额的目的。而若企业的目的是扩大目标市场，则应挖掘新市场的消费需求，选用能够和新市场相匹配的代言人。还有的企业希望持久巩固其品牌形象，增加品牌资产，所以固定其代言人，使消费者一看到此人就可以联想到这一品牌。

3. 为了降低风险，还可以考虑选择多个代言人，这样一旦出现问题还可以分散注意力，降低不良影响。代言明星的正确选择可以降低风险，但是危机管理是不可或缺的，必须时刻保持危机意识。危机管理指的是当企业品牌形象有可能或正在遭遇危机时，企业以求避免危机、消除影响、重塑形象，所采取的一系列措施。危机管理主要包括危机预控管理、危机准备管理、危机反应管理、危机恢复管理四部分。“凡事预则立，不预则废”，一句话道出危机预控管理的重要性。在明星代言危机管理中，危机预控管理主要表现在制定系统的预警方案，也就是制定多种广告宣传方案，并且有系统地应对突发情况的方案，不至于危机发生时措手不及。

危机预警方案可以有效地减少危机的发生，但危机具有突发性，难以预测，危机一旦发生，要积极地面对，及时有效地制定系统的应对方案。（1）及时有效地作出回应。任何形式的危机事件中，速度都是最重要的，及时通过媒体向公众传播企业的态度，不仅能够避免信息传达不及时所造成的谣言四起，而且能够让公众感觉到企业对消费者负责的态度，甚至可能会使公众对企业产生同情。（2）转移公众注意。可以及时地宣传企业的其他产品或品牌，这些品牌最好不会与发生危机的代言人产生联系，这样的做法可以为企业赢得修正的时间，作出更好的决策，更换代言人或者推出新的产品，减小损失。（3）考虑更换代言人。发生危机后，企业应立刻对危机的危害作出合理分析，如果不是严重的影响，可以不替换代言人，冷处理。但如果事情严重，触犯道德甚至法律底线，应该更换代言人，避免危机明星对品牌的不良影响扩大，同时可以借助更换代言人为品牌造势，不失为转危为机的好方法。当然，周期性地更换代言人也是保持品牌新鲜的有效途径，不仅可以避免大众对一个代言人的审美疲劳，而且更换代言人时的新闻发布会，新的广告推出可以提高公众对企业品牌的关注程度。

（二）企业要“多管齐下”

1. 企业应综合考量慎重甄选名人代言人。当企业为品牌选择名人代言人时，需要对名人进行多方面的综合评估。概括而言，评估主要可以从代言人形象评价和代言人风险预测两方面展开。根据理论研究和实践经验，代言人形象维度包含：代言人知名度、代言人形象与品牌形象匹配度、代言人及其代表作在业内的口碑等。例如，2019 年中国广告协会联合艾漫数据颁布了一项名人代言人商业价值评估标准，涵盖名人的热度指数、口碑指数、作品指数、代言指数、形象契合度等五项标准。除此之外，丁夏齐等（2005）[35] 通过实证研究发现在中国文化背景下，名人的道德声誉是具有重要作用的影响因子。因此，道德声誉也应被纳入代言人形象的评估体系。代言人风险预测则是指对代言人的道德、政治、法律、健康等层面的风险进行调查与评估。通过建立“征信”记录，可以规范代言人行为，并且对使用该代言人可能存在的风险进行预测。同时，对代言人的评估可通过以下几种渠道和方式进行：参考百度指数、微博指数等实时动态指数；借鉴第三方权威数据机构发布的报告等；采用网络爬虫技术抓取各媒体平台与目标相关的信息并进行文本分析等。借助数据衡量代言人的传播价值，能够为品牌选择代言人提供理性参考。

2. 企业应根据事件特征采取应对措施。尽管代言人负面事件都会对代言人形象及品牌声誉造成伤害，然而事件特征不同，产生的影响也不同。国家广播电视总局正式下发的“封杀令”严厉痛批存在“吸毒”“嫖娼”等违法犯罪行为的劣迹艺人，因此，对于出现此类严重违反国家法律法规的名人，品牌商应当机立断，弃用该代言人并与之划清界限。遵循法律要求，体现了国家行政力量的强制力约束。而对于存在违背社会道德准则的代言人，企业应当采取一定措施来降低消费者对不道德事件的严重性感知。例如，企业可以通过公关手段控制不道德事件的传播范围与传播频次，降低社会公共资源占用率，避免进一步引起社会公众的反感情绪；涉事代言人及时出面道歉并采取一定补救措施，尽量减小不道德事件对他人所造成的伤害，引导消费者进行道德合理化推理策略。如火箭少女组合成员孟美岐曾在微博上晒出画作，被网友指出抄袭。孟美岐迅速作出回应，在微博上承认错误并找到原画作者向其道歉，赢得路人好感。

3. 企业可对消费者进行合理引导。消费者对名人的高水平认同会引发偏见认知处理，对不道德事件中的代言人及品牌产生有利影响。因此，企业可以考虑与代言人的粉丝进行合作，尤其是活跃在各个粉丝社群中的关键意见领袖。企业可以在社群中建立奖赏机制，引导粉丝对代言人形象的正面特质进行宣传，借助粉丝群体的力量塑造品牌正面形象。而且，企业在最开始选用代言人时，可以考虑将消费者对该代言人的认同程度作为参考指标纳入评估体系，并且在名人代言过程中逐渐培养消费者对该代言人的认同。

4. 企业应建立有效的避险补救机制。企业与代言人的合作可以通过缩短合约期、分层级代言等方式进行“多次少量”的合作。如名人代言按照地区层级可划分为中国区代言人、亚太区代言人、全球代言人等，代言权重依次增加。借助这种方式，一方面，企业可以规避在长期合约过程中，名人形象可能崩塌的风险；另一方面，企业可以根据市场需求灵活调整品牌宣传策略。同时，企业与名人签订代言合约时，需要在合同中增加道德约束条款，要求代言人在代言期间维护好自身形象。倘若代言人的行为对品牌形象有损，则企业有权利宣布解约，同时代言人将面临赔款处罚等。

四、典型案例示例

“顶流男星”邓伦因为“偷逃税”翻车

2022年的“3・15”晚会还没开始，影视圈就曝出天价税务罚单，这次是邓伦。3月15日下午，上海市税务局第四稽查局发布通报称，近期，根据税收监管中的线索，上海市税务局第四稽查局经税收大数据进一步分析，发现邓伦涉嫌偷逃税款。经查，邓伦在2019年至2020年期间，通过虚构业务转换收入性质进行虚假申报，对邓伦追缴税款、加收滞纳金并处罚款，共计1.06亿元。这也是继郑爽之后，又一知名艺人因涉嫌偷逃税款引发巨大关注。随后，邓伦在微博发布致歉信，邓伦的个人微博、抖音等社交账户已被注销，云米一站式全屋智能官方微博宣布：“终止与邓伦先生的合作关系。”一位明星引起风波，引发一众代言方心惊胆战。数据显示，在明星动辄上亿元的处罚和追缴背后，影视公司们更是苦不堪言。Choice数据显示，2020年A股16家影视公司净利润均不足1亿元。

作为近几年最受观众欢迎的艺人之一，凭借着高人气，邓伦背后巨大的商业价值也频频受到品牌方的青睐。据《每日经济新闻》不完全统计，邓伦目前为多个品牌代言人，其商业代言近20家，涉及奢侈品、饮料、科技等领域，包括宝格丽品牌代言人、雪花秀亚太地区代言人、欧莱雅彩妆品牌代言人、联合利华中国区洗护发代言人、Roger Vivier罗杰维维亚品牌代言人、清扬净爽代言人等。虽然高奢代言不断，身价也随之水涨船高，但是邓伦并未停止探索副业、扩大商业版图的脚步。邓伦曾和发小一起开火锅店“火社”。启信宝显示，火社餐饮集团旗下共有7家公司，包括重庆火社、上海火社、青岛火社几家公司，成立时间在2020—2021年，公司法定代表人为郭家熙，邓伦并未直接出现在这些公司的股东序列中持有这些公司股份。在邓伦明星身份的加持下，“火社”也引来不少业内明星支持。邓伦录制《密室大逃脱》的时候，还带着嘉宾一起去店里吃火锅。不过，这一品牌火锅也曾因卫生质量问题引发争议和关注。

邓伦旗下共有两家公司，均为工作室，分别为邓伦（上海）影视文化工作室和舟山邓伦影视文化工作室，邓伦持股比例均为100%，分别成立于2016年和2018年。值得注意的是，启信宝数据显示，共有1232家企业与邓伦（上海）影视文化工作室为同地址企业；而就舟山邓伦影视文化工作室的公开联系电话来说，共有11家企业为同一个电话号码。涉嫌偷逃税款风波出现后，邓伦的商业价值势必会大跌，后续或将面临大部分代言解约。此后，云米一站式全屋智能官方微博宣布：“终止与邓伦先生的合作关系。”天味食品关于邓伦代言相关问题回复称：“公司与邓伦的合作关系在2022年1月已经到期终止，没有续约。”久久丫品牌微博宣布：“久久丫已终止与邓伦先生的合作关系。我们在此重申，依法纳税是每一位公民的应尽义务。”此外，之前Gucci邀请邓伦作为模特的相关推广已安排撤下；在雪花秀官方微博检索“邓伦”，已无任何信息；在巴黎欧莱雅微博中，已无法找到邓伦相关内容。

邓伦“偷逃税”事件背后，折射出国家对于代言人失德危机乃至娱乐圈的整治力度愈发加强，通过加快立法、规范行业竞争环境、加强对中介机构的监管和指导及加强诚信纳税教育宣传等建议，进一步规范管理代言人失德危机事件。

案例来源

每日经济新闻 -http：//www.nbd.com.cn/.

参考文献：

[1] Mowen J C，Brown S W. On explaining and predicting the effectiveness of celebrity endorsers [J]. Advances in consumer research. Association for Consumer Research（U.S.），

1981，8（1）：437-441.

[2] Schlecht C. Celebrities' Impact On Branding [J]. Center on Global Brand Leadership：Columbia Business School，2003：1-15.

[3] 郎家丽. 浅谈服装品牌形象代言人 [J]. 江苏纺织，2006（8）：52-53.

[4] 田建春. 品牌形象代言人理论研究综述 [J]. 山西财经大学学报（高等教育版），2008（4）：83-85.

[5] 张洋，张道卓. 名人代言塑造品牌的原理与作用分析 [J]. 商场现代化，2014（19）：50.

[6] 胡晓云. 品牌代言传播研究——信源·符号适用性 [M]. 浙江：浙江大学出版社，2012.

[7] Friedman H H，Friedman L. Endorser Effectiveness by Product Type [J]. Journal of Advertising Research，1979，19（5）：63-71.

[8] 孟盈，董天策. 观察品牌传播中的形象代言人 [J]. 传媒观察，2005（2）：27-29.

[9] 袁小芳. 名人代言人不道德事件中道德推理策略影响因素研究 [D]. 华南理工大学，2020.

[10] 田志欢. 企业家代言人对消费者购买行为的影响研究 [D]. 河北大学，2019.

[11] 张少卿，赵明. 代言明星负面行为对品牌态度的影响研究—基于感知道德评价的视角 [J]. 北京社会科学，2016（9）：91-98.

[12] Elberse A，Verleun J. The Economic Value of Celebrity Endorsements [J]. Journal of Advertising Research，2012，52（2）：149.

[13] Ilicic，J.，& Webster，C. M. Celebrity co-branding partners as irrelevant brand information in advertisements. Journal of Business Research，2013，66（7），941-947.

[14] 孙传文，操维琦. 道德失范的根源及其重构路径 [J]. 江西社会科学，2008（9）：76-79.

[15] 尚重生. 当代中国社会问题透视 [M]. 武汉：武汉大学出版社，2007.

[16] 高兆明. 制度公正论——变革时期道德失范问题研究 [M]. 上海：上海文艺出版社，2001.

[17] 涂尔干. 社会分工论 [M]. 北京：三联书店，2000.

[18] 雷结斌. 我国社会转型期道德失范问题研究 [D]. 南昌大学，2013.

[19] 黄静，童泽林，张友恒，张晓娟. 负面情绪和说服策略对品牌关系再续意愿的影响 [J]. 心理学报，2012，44（8）：1114-1123.

［20］Zhou L，Whitla P. How negative celebrity publicity influences consumer attitudes：The mediating role of moral reputation［J］. Journal of Business Research，2013，66（8）：1013–1020.

［21］Campbell M C，Warren C. A risk of meaning transfer：Are negative associations more likely to transfer than positive associations［J］. Social Influence，2012，7（3）：1–21.

［22］汪子茵 . 品牌代言人负面信息对消费者品牌态度的影响研究［D］. 江西师范大学，2016.

［23］Langmeyer L，M.D. Shank. Celebrity endorsers and public service agencies：A balancing act［C］. Proceedings of the 1993 Conference of the Academy Advertising. 1993：197–207.

［24］王梦楠 . 代言人负面事件对品牌形象的影响研究［D］. 安徽财经大学，2018.

［25］孙晓春 . 企业家与企业品牌合力效果分析［J］. 商业时代，2010（34）：85–86.

［26］张少卿，陈金龙，赵明 . CEO 代言还是明星代言：代言人类型对广告效果的影响——基于感知社会风险的中介作用［J］. 福建商学院学报，2018（2）：37–44.

［27］Um N. H. Celebrity Scandal Fallout：How Attribution Style can Protect the Sponsor［J］. Psychology & Marketing，2013，30（6）：529–541.

［28］Folkes V S. Recent Attribution Research in Consumer Behavior：A Review and New Directions［J］. Journal of Consumer Research，1988（4）：548–565.

［29］王晓玉 . 负面营销事件中品牌资产的作用研究综述［J］. 外国经济与管理，2010，32（2）：45–50.

［30］Carver，C. S.，& Harmon–Jones，E. Anger Is An Approach–Related Affect：Evidence and Implications［J］.Psychological Bulletin，2009，135（2）：183–204.

［31］俞林，孙明贵 . 产品丑闻、信任危机及消费选择研究［J］. 软科学，2016，30（3）：113–116+120.

［32］Gross，James J. The Emerging Field of Emotion Regulation：An Integrative Review［J］. Review of General Psychology，1998，2（3）：271–299.

［33］Cicchetti D，Ackerman B P，Izard C E. Emotions and emotion regulation in developmental psychopathology［J］. Development and Psychopathology，1995，7（1）：1–10.

［34］王鹤 . 不同类型负面事件对品牌延伸评价的影响差异研究［D］. 南京财经大学，2019.

［35］丁夏齐，王怀明，马谋超 . 名人推荐者道德声誉对名人广告效果的影响［J］. 心理学报，2005（3）：101–108.

第四章

产品 / 服务失败品牌危机

一、产品 / 服务失败品牌危机的概念

2022 年，消费市场的产品翻车事故依旧不断，高温不化的“雪糕刺客”钟薛高，牛奶变“毒”牛奶的麦趣尔违规添加剂，不能拍蒜的张小泉菜刀等不断出现，这是因为受到技术手段的制约，产品感知故障的发生并非普遍现象。一方面，消费者的需求产生了巨大变化：过去的消费者对产品的要求主要是能够无故障正常使用，而随着时代的发展，当大量的个性化、智能化产品涌现后，消费者关注的重点逐渐转移为产品各项功能的使用效果是否达到自己的预期。另一方面，技术的飞跃打破了单一功能产品之间的界限，越来越多的集成功能产品出现在消费者眼前，而功能的增加，必然导致使用复杂程度的提高，这对于那些没有使用经验的消费者来说是一个不小的挑战。如台湾梅捷主板（SOYO）的售后调查显示，超过七成的用户认为购买的计算机产生了使用故障，但其中 70% 以上都是消费者自己不会操作或失误操作导致的非质量性故障，而仅有一小部分是硬件本身的质量问题。由此可见，随着技术的高速发展及消费者需求的快速变化，感知故障的发生率及其影响都在不断增加，其重要性已经达到不容忽视的程度。

（一）产品失败

1. 基于功能的产品失败

国外学者 Puling（2006）在研究产品功能型品牌危机时指出，产品功能型品牌危机主要是指产品的质量不合格、功能不达标，以及和产品本身的属性相关的不合格导致的危机事件[1]。国内学者余阳明、陈晶晶（2019）的研究也提及了产品功能型品牌危机，其指出产品功能型品牌危机的发生主要是能力危机，具体来说就是指企业生产的产品达不到消费者预期的要求，消费者对企业提供的产品存在各种不满意[2]。陶红、卫海英（2016）提出功能主导型的品牌危机，主要是指产品本身的功能缺陷，都会导致消费者对企业的所有产品产生不信任，这种不信任波及面较广[3]。也有学者基于非质量性的产品失败角度指出产品失败主要指产品发生感知性的故障（Perceive failure），即用户在产品使用过程中感觉到的所有问题与不适都将被视为产品失败，而非传统意义上的质量问题[4]。方正（2007）的研究从事后的角度，根据品牌危机的可辩解性，将其划分为不可辩解与可辩解型两类。其中可辩型危机指的是与危机相关的产品或服务实际上符合国家法规、标准；不可辩型危机指的是与危机相关的产品或服务实际上的确存在违规行为[5]。功能型品牌危机下，主要是由于产品出现无法达到预期效益的情形而使企业信誉受损，那么企业主动承担危机责任进行及时补救也成了最佳策略。

卫海英从品牌关系的角度对品牌危机产生的原因进行了解释，认为其产生于企业不恰当行为或者负面事件的广泛宣传，这些宣传严重扭曲了品牌关系，甚至使其发生断裂，将品牌危机归因于服务性失败、社会性失败和沟通性失败，刺激个人基于不同目的去传播这些信息。在产品和服务失败发生后，人们开始怀疑品牌是否能够提供基本的效用，认为其存在严重的问题而拒绝继续使用或接受其服务[6]。品牌危机划分为功能型品牌危机和价值型品牌危机两种类型。产品功能关乎消费者的切身利益和保障，因此会引发其强烈的负面情绪。消费者在面对品牌危机时，自身对于品牌的感知风险性也会随之增高，那么他们对于品牌的态度及选择意愿都会受此影响[7]。

2. 基于属性的产品失败

在网络购物中，由于购物过程的时空隔离，消费者难以直接方便地掌握产品的整体信息，从而很有可能出现消费者在收到产品后，发现其功能属性和预期不符的情形，这便意味着产品失败的产生。不同的产品失败会涉及不同的功能属性，根据 Nelson（1974）的研究，产品属性可以分为搜索属性和体验属性[8]。搜索属性是指直接通过外部渠道就可以客观准确获得的产品性能特征；体验属性则相反，其与主观感受密切相关，通过外部信息难以准确描述或衡量，只有通过亲身体验才能准确判断。根据造成产品失败的属性特征，产品失败可以分为搜索属性失败（如产品破损、变质、超出保质期等）和体验属性失败（如食品的口感差、使用护肤品后皮肤过敏等）[9]。作为消费的对象物，产品本身的差异也会对消费后行为产生巨大的影响。因此，产品类型一直以来都是消费者行为研究中的一个重要影响因素。其中，基于核心产品属性的消费特征而形成的享乐品 / 实用品分类模型是营销理论中最具影响力的产品分类模型之一[10]。具体而言，享乐品主要由享乐型产品属性构成，以审美和情感体验为主要消费特征，如音乐 CD 和冰激凌。实用品则主要由功能型产品属性构成以工具性和功能性为主要消费特征，消费目的是完成一项功能性或实用性的任务，如电话和打印机[11]。庞隽等学者（2014）考察了消费者性别和产品失败类型（实用性失败和享乐性失败）在产品失败严重程度影响报复欲望和回避欲望过程中的调节作用。结果表明产品失败的严重程度对报复欲望的影响在男性消费者中比在女性消费者中表现得更为明显。并且这种性别差异在实用性和享乐性产品失败中均存在。与此同时，产品失败的严重程度对回避欲望的影响在女性消费者中比在男性消费者中表现得更为明显，但这种性别差异只存在于享乐性产品失败中[12]。

3. 基于感知故障的产品失败

还有学者们把感知故障产品失败分为扩展性失败和效果性失败。扩展性失败指产品的主要功能可以实现，但扩展其他功能时发生问题（如期货行情软件可以接受行情但其编程能力太弱、智能手机可以正常通话上网但其音乐播放效果较差、主板可以使用但其超频性能不稳定等）。效果性失败指产品可以正常使用，但它的某一项或多项功能无法达到顾客的初始预期（如行情软件接操作不便且数据更新的时滞太长、显卡玩高端 3D 游戏时卡机、智能手机的系统反应速度慢）。而企业传统的售后服务对产品扩展性失败与效果性失败的处理则存在着重大缺陷。[13]

无论是上述哪一种类型感知故障都会对消费者的满意造成影响。尽管顾客产生了不满甚至失望，但由于上述两种故障并不完全属于传统质量问题的范畴，售后服务部门往往推脱其职责或不予免费受理。其原因主要有两点：一是没有能力解决。数码产品的功能日益多样化、消费者需求日益个性化、使用日益复杂化，导致实际发生的产品问题往往复杂烦琐且无法预知，企业很难通过事前质量控制将其完全消除，而将所有问题一一写入说明书或售后服务规则不太现实。二是片面追求利润不愿意无偿解决。部分企业将售后服务模块外包给其他企业，这些外包企业为追求利润最大化，往往对产品的非质量性故障收取高额费用，而不顾及客户由此产生的强烈不满。如诺基亚的客服（外包）对手机的日常维护收取高额费用（杀毒 50 元，系统清理 100 元，文件备份 200 元），不满消费者随即在网上予以曝光，致使诺基亚客服乃至诺基亚品牌的信誉一落千丈；而针对这些问题，塞班手机论坛上能提供免费且详细的解决方案。由此可见产品效果性失败若得不到妥善解决，消费者往往会采取品牌转换或负向口碑传播等行为，致使企业与品牌接受无可挽回的重大损失。[14]

（二）服务失败

服务具有劳动密集型、不可分割和无形的性质，这些性质导致服务失败必然发生[15-16]。早在 1990 年 Hart 等学者就提出“服务传递过程中严丝合缝、员工培训标准高、高端技术，都无法避开服务失败的出现”[17]。因此，即便是最好的企业提供服务，那么在此过程中依旧会出现不满意的状况。Grnroos（1984）的服务质量模型中指出服务质量一个重要的维度就是企业自身外在的形象，所以他将服务失败定义为消费者对于服务的实际感受与企业提供服务所展现出的企业自身形象之间出现的差异，也就是说，当企业提供的服务与其形象之间出现不符现象，导致消费者感知到这一落差，那么服务失败也就由此而生[18]。Parasuraman（1985）通过内外部因素分析定义服务失败是消费者与企业内部营销人员的交流、外部消费者口碑的交流，以及消费者自身的需求和过去的购物经验等原因的影响致使消费者在实际接受服务过程中并没有达到预期所期望的结果[19]。Bell（1987）将服务失败定义为消费者感知到的服务过程和结果之间的落差[20]。Gronrooms（1988）在研究中指出服务失败就是没有按照消费者所思所想就对其进行服务，即当服务提供者不能按照顾客所期望的要求提供服务[21]，因此而导致其不满时，就出现了服务失败（Smith & Bolton，1998）[22]。Bitner（1990）的研究以员工为出发点，将服务失败定义为消费者在享受服务时，因为员工不当行为而导致消费者出现不满的情绪[23]。

而 Bitner，Boom 和 Tetrearlt（1990）从服务提供者的角度提出服务失败是由于企业向消费者提供服务的能力不足，如服务无法标准化完成、无法服务及时、核心服务低于顾客所期望的。Smith（1999）等学者也指出顾客接受服务时的主要服务流程存在缺陷从而引起客户不满时，服务失败就会出现。Bitner et al.（1990）站在消费者的角度提出服务失败是其要求的服务没有被提供或者企业所提供的主要服务低于顾客的最低期望[24]。Parasuraman（2000）

等学者在前人研究的基础上提出服务提供者所提供的服务没有达到顾客心中的下线，未满足其最低要求，所以导致服务失败[25]。负晓哲（2003）提出服务提供者提供的服务不能满足消费者预期时，服务失败就会发生。Keaveney（1995）则从服务系统的角度对服务失败进行了定义，即消费者对服务系统不满意时服务失败就发生了[26]。Fisk（1999）在此基础之上提出“客户在接受服务过程中因不熟悉服务流程导致的客户不满意”就是服务失败[27]。

Palmer（2000）从顾客角度将服务失败定义为“因组织或者其他原因造成服务出现问题，并且在此过程中顾客不承担任何责任”。Hays 和 Hill（2001）从一新视角将服务失败定义为“造成顾客不满的服务接触情境[28]”。Lewisetal（2001）基于消费者不满意提出不管任何原因，只要客户对服务或服务提供者有任何不满，就是服务失败[29]。Fisk（2001）则广泛地认为只要企业未提供给顾客所需求的服务，就产生了服务失败[30]。Maxham 等（2002）提出企业和消费者在服务过程中只要出现不愉快，就是服务失败[31]。服务失败的出现是以顾客的感知为基础的[32]。从企业的视角来看，企业使顾客满意的目标未能实现时，顾客就会感受到服务失败[33]。

学术界对于服务失败的定义虽然未达成统一界定，但研究视角总结而言有以下几方面：（1）从消费者视角定义，未达到消费者的预期期望；（2）从服务提供方视角定义，缺少完成服务的能力而导致服务失败，包括服务提供者的有形与无形资源；（3）其他视角，服务过程中产生不满，服务失败也就此产生。从以上定义视角中可以看出，因服务中产生的各种落差从而导致服务失败。

二、产品 / 服务失败品牌危机的特征

（一）服务失败品牌危机的特征

1. 服务失败发生的必然性

服务具有无形性、异质性、生产与消费同步性和易逝性等特点，无论企

业如何精确地控制服务提供程序，如何严密地进行员工培训，运用如何先进的管理理念或者技术，服务失误都是会不可避免地发生。正如服务营销学者菲斯克（Fisk）所说：“服务提供中包含大量的步骤和许多的细节，这使服务有多次失败的机会[34]。”帕拉苏拉曼（Parasuraman et al. 1991）也认为：多数服务经常通过人员传递，而人性因素难以控制，想要达到“零缺陷”的目标较为困难[35]。泽丝曼儿（Zeithaml，2008）甚至认为：“对于有着最佳意识的企业，乃至世界级的服务系统来说，失败都是不可避免的[36]。”服务失误会严重影响顾客情绪，进而导致顾客抱怨和流失，最终影响企业形象和利润。服务补救研究的初期学者就指出，服务的固有属性决定了服务无法做到“零失误”。服务固有属性会使企业经营与管理存在高度不确定性，导致顾客与服务提供商（服务企业或一线员工）在服务接触中遭遇服务失败的情况不可避免[37]。换句话说，服务的属性意味着服务失败必然会发生。

2. 服务失败的复杂性

鉴于服务自身的特点，服务生产和传递的过程往往比有形产品更为复杂多变。互联网时代，学者们都将目光转移到电子商务环境下的服务失败。简兆权等（2017）在研究网络平台购物时指出网站平台的易用性、虚拟支付等特点，增加了服务失误发生的概率，随着互联网等技术的快速发展，越来越多的产品和体验服务转移到了线上，人机互动大量代替传统的人际接触，使得服务失误的类型比传统服务更为复杂[38]。随着电子商务的日益发展及相应的服务失败事件不断增多，也有学者对电子商务环境下的服务失败进行了分类。Forbes（2005）等运用关键事件法针对拥有丰富网购经历的学生进行了分析，最后得出结论将服务失败具体分为以下几类：物流配送失误、卖家提供虚假商品信息、缓慢/无法提供服务、实际产品误差、网站系统出错、系统定价问题、产品包装破损、产品缺货等[39]。Wu（2013）[40]研究表明影响消费者网上购物满意度的因素更为复杂，而网络购物的特殊性更使得服务失败的可能性提高，由于网络社交的虚拟性，服务失败后的信任修复和重建更为困难，因此网络购物情境下，服务失败对顾客满意度的影响更大。鉴于服务失败的重要性，无论是管理者还是研究者都希望深入探究服务失败后的影响，从而为提高顾客满意度提供新的视角。

3. 服务失败的危害性

服务失败会严重损害顾客体验。早在 1983 年，Bloch 和 Richins 就指出经历服务失败的消费者将作出下列反应：转换品牌或者拒绝再次购买、向销售者或者第三方抱怨、把自己不满的经历告诉他人，传播负面口碑[41]。于宝琴等以购买汽车和有线付费电视的消费者为研究对象，将消费者购买后的情感分为正面和负面情感，研究了消费者购买后的情感反应和行为反应，结果发现服务失败引起的负面情感与抱怨正相关，与满意评估和口碑负相关。于宝琴等（2018）发现服务失败后的愤怒和后悔情绪对三种购后行为（转换意向、抱怨行为和负面口碑相传）有显著的直接影响[42]。还有学者指出在线服务失败负向影响在线消费者满意，从而影响线下消费者忠诚[43]。同样，Miller 也指出服务失败会引起消费者不满，传播负面口碑并导致消费者流失[44]。

已经有研究指出企业的服务失败不仅会使消费者产生积极损失，还会产生精神上的伤害，以及负面情绪等。如国外学者 smith 等（1998）[45]认为，企业发生服务失败会导致顾客产生不高兴、生气、失望等负面情绪；oliver 等（1998）[46]认为，在服务失败时顾客会损失金钱、丢失自尊，而这些损失会使消费者的情绪发生变化；我国学者方淑杰、黎耀奇等（2019）[47]以景区的服务失败为例，也指出顾客的消极情绪会受到服务失败的影响；张圣亮等（2010）[48]采用情景模拟法发现银行的三类服务失败会影响消费者的消极情绪。服务失败是网络购物过程中常见的问题，但是服务失败会导致消费者不满或产生负面情绪，从而引起一系列不利于企业的后续行为。通过以上学者的研究可以发现在服务失败情境下，消费者的主要情绪为负面情绪。

随着社会经济的发展组织面临比以前更强烈的服务压力，大部分服务提供者有兴趣了解经历服务失败后的消费者会作出什么样的行为，因为这些行为通常会破坏消费者留下或者保持对组织忠诚的可能性。当服务失败发生时，企业一般会对消费者作出回应，然而组织的回应有可能会修复客户满意，增强客户忠诚，也有可能恶化情形，使客户走向竞争公司。很多学者已经研究了面对服务失败时的客户处理策略。因此，服务提供者必须重视服务失败的结果，深度了解服务失败后消费者的行为，从而作出正确和满足消费者期望的回应[49]。

服务失败表明消费者与服务提供者之间的关系被破坏了，并且改变了关系现状。因此，面临服务失败的消费者会作出一些行为来努力克服这种侵犯，这样做是为了花费自己拥有的资源来处理现有环境需要。

传统上，不满意的客户通常会终止与企业的关系，并建议他人也这样做[50]。当然，当面对服务失败时，不同消费者的反应是不同的。一些消费者会直接向侵犯者表现出他们的不满意，一些消费者会用生气，报复动机，或者避免与冒犯者直接接触作为回应。Parasuraman（1985）等通过实证研究证明服务失败会使消费者产生强烈的不满意[51]，Keaveney（1995）研究表明，服务失败的发生会使客户欺骗的概率升高，当服务失败发生时，消费者会向其他朋友传播服务提供者的负面口碑，服务提供者不是丢失了一个消费者，而是丢失了一批消费者[52]。Knox（2014）指出，当服务失败发生时，消费者会抱怨服务提供者，从而缓解服务失败带来的负面影响[53]。

总之，服务失败可能带来的结果大致可以包括：消费者不满意、消费者转移、负面口碑、客户欺骗、消费者抱怨。正是因为服务失败会带来各种各样的负面结果，才有必要对服务失败进行不断的研究。

4. 服务失败多主体认定标准

一个完整的服务过程必定是顾客和服务人员共同参与完成的，顾客和服务企业对于服务的认定标准因双方所处位置的不同而有所不同，站在顾客的立场来看，如果企业提供的服务低于自己的期望标准，企业的服务就发生失败，而站在服务企业的角度来看，只有当企业的服务没有达到所在行业规定的标准时，企业才会认为发生了服务失败。顾客和企业的不同角色导致双方对一项服务是否发生失败的判断有所不同，企业导向的服务失败定义和顾客导向的服务失败定义差别的关键在于，后者认识到顾客可以感知到企业的服务质量，并根据这个质量来评定该项服务是否发生失败。今天的学者对服务失败的理解普遍倾向顾客导向的服务失败，更强调顾客对于服务的感知，而不是某一个确定的行业标准。从学者们的定义中可以看出，服务失败的发生与否与顾客的自我认知和评定有很大关系。

（二）产品失败品牌危机的特征

1. 产品失败的危害性

产品失败是由于产品相关属性没有达到消费者预期导致的。产品失败事件尽管没有产品伤害危机（如三聚氰胺奶粉事件）危害性大，但同样会损害顾客权益，在当前的社交媒体环境下同样会招致顾客基于社交媒体的抱怨、负面口碑传播等报复性反应[54]。这是因为，随着社交媒体的快速普及，消费者只需在智能手机上动动手指，就能有效报复涉事主播和企业[55]，给主播和企业造成严重负面后果[56]。比如主播 B 售卖的“糖水燕窝”，经消费者曝光和负面口碑传播后，其市场声誉降至冰点。消费者的报复性反应会给涉事主播和品牌造成重大负面影响[57]。由于社交媒体重塑了媒体生态，任何个体都可以在社交媒体上发布信息，如果个体发布的信息广受公众关注，就会引发网络舆情[58]。消费者对知名主播带货产品失败的报复反应（如信息披露、负面口碑传播），更容易引起公众关注，引发负面舆论[59]。

作为面向大众销售的产品（服务），其基本的要求是能够符合国家法律法规、行业标准、满足客户使用需求，一旦其产品（服务）质量出现问题，则会迅速引发消费者甚至是社会大众的广泛关注。例如三鹿奶粉“三聚氰胺”

事件、双汇肉制品检出瘦肉精事件、汉堡王使用过期面包做汉堡等都是由产品质量（服务）问题引起的产品失败，对企业甚至整个相关行业造成冲击[60]。

2. 产品失败的必然性

Folkes 在 1984 年首次对产品失败的概念进行了一个较模糊的定义：消费者的购后感知与购前期望产生差异（product failure）时，就会发生产品失败（product failure）[61]。随着现代产品设计理念的不断更新以及产品生产技术的不断飞跃，产品的个性化及使用复杂程度也在不断增加（特别是如智能手机一般的智能化、个性化产品）。这些个性化、智能化产品的特点是各项功能具备可扩展的潜力，而且操作非常复杂。其结果就是消费者在购前就对产品进行准确分析的困难越来越大，而产品的复杂性与消费者千差万别的个性化需求决定了产品的使用绩效很难与消费者的预期完全匹配，因此就决定了消费者购后预期差异，即产品失败的产生将难以避免。

3. 产品失败的机遇性

1982 年，美国止痛药领先品牌泰诺旗下的泰诺速效胶囊被人注射氰化钾投毒，致使多人丧生，这一恐怖事件使得泰诺连带强生公司的其他产品一夜之间成为“过街老鼠”。然而，强生公司通过对泰诺胶囊投毒事件采取一系列及时有效的处理，不仅恢复了产品市场，更加提高了公司的声誉和形象。曾早于苏宁四年创立的国美，其创始核心人物黄光裕因经济犯罪而深受牢狱之灾，苏宁借此契机，引入 IBM 等管理咨询理论，加速市场扩张步伐，从而一度赶超国美并造就了其家电零售行业的霸主地位。所以说，正如汉语中“危机”蕴含着危险与机遇一样，产品失败本身也有可能成为品牌发展的契机。

所以说，由于产品失败的危害性，企业需要做好各种准备和预防措施；由于产品失败会被广泛关注，企业需要第一时间对此作出处理，不可以采取任何的拖延或逃避的态度；即使度过危机，企业也要积极进行恢复工作，尽快摆脱危机留下的阴影；企业在面对危机时应保持从容的心态，在积极应对危机的同时，更应努力寻求新的可能和蕴藏的机遇等[62]。

4. 产品失败的低预见性

产品失败的发生具有一定的低预见性，主要表现在：一方面容易导致顾客、社会公众等对危机事件的发生而产生恐惧感，并不断扩散；另一方面也意味着管理者必须在缺乏一定信息的背景下作出决策，并且在决策时，也处于紧急的状态。若在短期内不采取有力措施或行动迟缓，则伴随着时间的推移，危机应对效果会愈发显得乏力。例如，演员韩雪投诉携程捆绑销售事件迟迟得不到携程的官方回应，事件持续发酵一度将携程推向舆论的风口浪尖。然而，当海底捞被媒体强势报道存在卫生问题时，海底捞迅速发布道歉声明，承诺将承担经济和法律责任，并将对所有门店进行整改。基于此，当产品失败发生时，组织应采取及时有效的应对策略以降低危机对组织造成严重损失[63]。

罗伯特·希斯将此类比为“战争中模糊不清”的“危机迷情”[64]。主要体现在产品价值将会受到一系列存在着系统性的复杂因素相互影响。因而，在管理过程中，只要存在一个薄弱环节，将都有可能导致失衡以至崩溃，最终酿成产品失败。然而，当产品失败发生后，人们关注的焦点主要就是产品失败的发生，进而产生大量不同的信息噪声。所以，从这些方面来分析，服务失败是具有一定的低预见性。

三、产品/服务失败品牌危机的机理

（一）服务失败品牌危机的机理

归因理论是用于判断他人行为背后的原因和性质的一种理论[65]。Zaltman 等人指出顾客往往依据自己的主观感知对某一事故进行归因，不同顾客可能会对同一个服务失败有不同的归因。Heider 认为归因可以分为内部归因和外部归因[66]，内部归因就是顾客把服务失败的原因归于自己，认为是自己因为掌握信息不全面或者没有作出明智的选择而导致的服务失败，外部归因是顾客把服务失败的原因归于他人，认为是除自己以外的外部服务商或者第三方服务者导致的服务失败，并希望他们可以对此负责。面对服务失败，当事顾客总会及时寻找失败的原因，而不同的归因将影响服务失败对顾客行为的体验[67]。

Folkes 概括了人们对服务失败归因的三维度，分别是“归因控制点”“稳定性”以及“可控性”[68]。归因控制点是指顾客认为谁应该对服务失败负责，原因可以是相对暂时的，也可以是永久的。例如，一辆车可能是因为机修工一次粗心大意而被修理得很差，或者机修工可能一直都是一个粗心大意的工人。稳定性是指顾客对服务失败发生频率的感知，对某一服务失败稳定归因的顾客会认为企业有责任采取措施来避免同类服务失败的再度发生。可控性是指顾客对服务失败能否控制的主观感知，对某一服务失败控制归因的顾客同样认为企业有责任采取措施避免同类服务失败的再度发生。

从社会交换原理和公平原理来看，服务失败会打破交换关系的平衡，服务失败给顾客带来的损失越大，顾客的负面反应就会越强烈。虽然服务失败会因严重程度不同对顾客造成不同程度的影响，有的服务失败给顾客造成的损失比较小，但有些可能比较严重，有些可能只是顾客在商店买东西时店员算错账，当然也可能是看病时医生开错药方。不管哪种服务失败，其后果都会影响顾客后续行为[69-70]。Richins 等人研究指出，严重的服务失败可能激发顾客的负面情绪，造成顾客的强烈不满，降低顾客对企业的再惠意愿和推荐意愿，增强顾客负向口碑传播意愿，导致企业粉丝用户流向竞争品牌[71]。

源于组织行为学的归因理论是一种推测他人行为原因及其性质的理论。Folkes 等（1984）[72]首次将归因理论应用于顾客关系与服务失败的研究。此后，归因理论成为顾客关系与服务失败研究的重要基础理论。归因是为事件分配责任的一种分析。当服务失败发生时，顾客经常寻找服务失败原因的解释[73-74]，并作出因果归因，以确保服务失败的结果有人承担[75]。

从服务提供者角度出发，Bitner（1990）[76]提出服务失败发生的 3 类原因：企业不能提供顾客要求的服务、服务的执行与标准作业程序不一致以及服务延迟和重要服务低于可接受水平。Parasuaman 等（1991）也提出企业在向顾客提供服务时，应至少满足顾客对服务的最低要求，否则就会造成服务失败。也就是说，当企业没能实现顾客的服务要求时，服务失败就会发生[77]。

从顾客角度出发，梁新弘（2009）指出凡是顾客认为服务或产品不符合其需求时就产生了服务失败[78]。也就是说服务失败不一定与服务或产品提供者是否失败有关，这有可能来自顾客的自我感知[79]。这说明服务失败发生的原因就是企业不能使顾客满意。虽然在服务失败发生后，企业是服务失败的责任方，顾客是利益的受损者，但是服务是否失败和企业是否需要承担责任一直是由顾客来评判的[80]。

根据认知评价理论，顾客之所以会产生各种抱怨行为主要取决于顾客对其消费经历的主观评价，而服务失败一定程度上意味着顾客体验到的消费经历并不理想，导致顾客产生不满情绪，为了平衡这种不满情绪，顾客就会产生各种抱怨行为。而根据计划行为理论的基本假设，影响个体外部行为的最直接因素是行为意向，而行为意向却要受到态度、知觉行为控制等因素的影响[81]。Goodwin 和 Ross 早在 1992 年的研究中就已经指出无论是由于什么原因发生了服务失败的情况都或多或少会降低顾客的满意度，而这时企业或管理者若不采取措施加以挽救则不可避免地要使消费者产生抱怨，而这种抱怨不一定是直接指向服务提供者而很可能采取一种更隐蔽的方式传播，从而给企业带来消极影响[82]。杜建刚（2009）等则进一步探究了群体服务失败时抱怨行为的普遍性，他们指出，当服务失败后，群体中往往产生一种情绪感染现象，从而激发消费者去个性化倾向，产生更多抱怨行为[83]。综上，无论是从个体层面还是群体层面看，服务失败都将会消极地影响消费者满意度，提高抱怨行为发生的可能性。

（二）产品失败品牌危机的机理

在产品失败的情形下，消费者会根据不同产品属性导致的失败进行归因。企业也会顺势作出相应的应对行为。那么企业的辩解效果是否总比和解要差呢？LewicKi和Bumker的研究表明，企业的应对策略效果需要依危机的具体情况而定。在企业危机中，辩解与和解策略各有利弊。和解策略表现了企业愿意负责的态度，但会增加消费者对危机的负面感知。辩解策略则刚好相反，虽然能够减少受害者对企业责任的归因，但难以传达出企业的诚意[84]。当消费者在网购过程中遭遇产品搜索属性失败时，消费者所获得的产品实际属性有悖于其从外部获得的客观信息和标准。因而，消费者在归因时能够非常清楚地将损失归因于企业。企业若采取和解策略，向消费者积极道歉并予以补偿，则能够让消费者感知到企业勇于承担责任的态度。较之于企业在辩解中尽力推脱责任，这一态度可以有效降低消费者的负面情绪，增强对企业的宽容和关系修复意愿。这些心理和行为上的转变便意味着消费者对企业的原谅。

消费者对产品体验属性的评价会受到主观感受的影响，因而消费者难以获得体验价值好坏的客观标准。当产品的体验属性没有达到消费者预期时，其难以确定这一不好的体验是因为产品功能缺陷还是自身偏好原因导致。此时可能出现两种情况，一种情况是：消费者可能受到自我服务偏向的影响。对于消费者来说，承认失误是对自我的否定，不利于自我形象和自尊的维护[85]。当产品体验属性没有达到消费者预期时，其可能倾向于将其归因于企业而不是自己。如果企业采取辩解策略，试图推卸责任，反而会产生不利影响。另一种情况是：在评价信息缺乏的情况下，提供额外的外部信息可能有助于消费者的归因判断。消费者可能因为企业在辩解时提供了其没有想到的新线索而被说服。辩解策略可能缓解消费者对企业的不利归因，从而更容易获得消费者的原谅。

在不同的关系类型中，消费者的认知和情感模式会有很大不同。当消费者没有获得满意的产品搜索属性时，由于消费者在进行归因时非常明确，其更希望企业能够积极承认，及时纠正错误，所以不管在哪种关系中，和解策略都是最好的。在社交型关系中，消费者把企业当成朋友对待，对企业的真诚道歉会表现更高的宽容。较之于交易型关系中的消费者，其可能更容易原谅企业。相反，企业若执意辩解，消费者就会感知到企业为了自身利益而不在乎消费者利益。企业的这一不负责任的表现违背了社交型关系准则，从而更容易激发消费者的负面情绪。

当消费者遭遇的是产品体验属性失败时，虽然没有客观的标准衡量这一不好的体验是因为产品功能有缺陷，还是由于自身原因导致的，但对于交易型关系中的消费者来说，维护自身利益是处于首要位置的，其自我服务的偏向可能非常显著。对于这类消费者来说，不好的体验代表着自己的付出没有获得等价的回报，从而破坏了消费者对企业建立起来的计算性信任。此时，消费者难以被企业给出的理由说服，采取和解策略，可能要好于辩解策略。但对于社交型关系中的消费者，情况可能不同。已有的关于亲密关系的研究表明，忠诚的个体对背叛会有更多的善意解读，会减弱人们在归因时的自我服务偏见。他们可能愿意相信企业是无罪的或者愿意接受自己对背叛事件应负的责任。对于此类关系的消费者来说，企业若承认失误虽然会表现出积极补救的诚意，但失败的发生也意味着企业为了自身利益不惜冒着损害顾客利益的风险，违背了社交型关系准则。

四、典型案例示例

强生公司危机管理

美国强生公司是一家生产和销售品种繁多的健康用品的跨国公司。1981

年，《财富》杂志的全美500家最大工业企业排名中，强生公司名列第68位，销售额为54亿美元。强生公司的产品包括医用产品、药品、工业用品和消费品四大类。多年来，强生公司致力于塑造富于责任感和值得信赖的企业形象。在消费者看来，无论贫富长幼，在他们心目中，强生公司的产品总是与周到和安全联系在一起。1982年出现的泰乐诺“致命污染”一案充分体现了强生公司的价值观，更重要的是人们可以从中学到优秀企业的危机管理经验和危机处理艺术。

◆祸从天降

1982年9月30日，在新泽西州新布伦斯维克强生公司总部大楼的第五层，公司的董事长和总裁正在召开一次会议。因为公司的销售额和利润额都在直线上升，形势一派大好，所以与会的高层管理人员兴奋到了极点。一向以严肃著称的董事长甚至和大家聊起了逸闻趣事。突然，一位常务董事闯了进来，告诉大家：公司的拳头产品泰乐诺胶囊卷入一场中毒死亡事件。一时，在场的所有管理人员都惊呆了。泰乐诺是强生公司生产的一种乙酰胺基止痛药，在20世纪70年代末和80年代初所获得的成功曾经轰动一时。到1982年，泰乐诺已占据了止痛药店面交易市场额的35.3%，总销售额从1976年的1.15亿美元增至1982年的3.5亿美元，占强生公司总销售额的7%。而更重要的是，它贡献了公司总利润的17%。

1982年9月末一个星期三的上午，一位名为亚当・杰努斯的患者感到有点不舒服，于是买了一瓶特效泰乐诺胶囊。他服用了一粒，当天下午就身亡了。同一天晚些时候，斯坦利杰努斯和他妻子也服用了那瓶胶囊，但均没能活过星期五下午。到周末为止，又有4名芝加哥地区的居民死于相同的情况。死亡是由氰化物造成的。药检员们从受害者家中又找回了10粒被氰化物污染的泰乐诺胶囊。每粒样品的外观都变了颜色，并略有膨胀，其通常的白色药粉被换成了一种带有杏仁气味的灰色物质。一般认为此种毒药的致死剂量仅为 50 毫克。

◆处理危机

制定计划

虽说出现这次中毒事件的责任不在强生公司，但事情终究是发生在本公司的产品身上。为了尽快消除这次危机对泰乐诺及公司本身的影响，强生公司决定把这次危机的处理工作提上公司的一级议事日程上，并制定了一项详细计划，还从其他分公司抽调了 25 名公关专家协助生产泰乐诺的麦克奈尔公司一起处理这次案件。这项计划分三步进行：第一步是澄清事实；第二步是评估并遏制损害的继续；第三步是努力使泰乐诺重振雄风。澄清事实作为计划的第一步，一向保持低姿态的强生公司开始求助于各媒体，希望它们提供最准确及时的信息，并帮助阻止恐慌的发生。不久，调查员们得出结论，毒物污染并不是发生在生产过程中，因为有毒的胶囊为两个工厂生产出的产品，而两个厂的产品同时受到毒物污染几乎是不可能的。美国国家食品药品监督管理局怀疑有生产者之外的人在商店购买了泰乐诺，将氰化物掺入其中一些胶囊后又退回了商店。否则，污染的范围会更广，并且不只是在芝加哥地区。为了把事情的真相弄个水落石出，公司为这次特别调查任务动用了 10 名联邦调查局和伊利诺伊州的侦探，他们追查了逾 2000 条线索，研究了 57 份有关报告。

控制局面

在提供证据证明毒害污染并非发生在生产环节后，公司才下第二步棋。

广告

宣传一律暂停，所有的泰乐诺胶囊都被收回，共 3100 万瓶，总值逾 1 亿美元。公司还向消费者承诺以新生产的泰乐诺药片换回胶囊，通过发给医生、医院、商家的 50 万份电报和对媒体的声明及时传达了这些信息；目的是不使形势继续恶化。在财务上强生的损失超过 1 亿美元，其中大部分是用于从零售商和消费者手中买回未使用的泰乐诺。仅发电报的费用就达 50 万美元，而可能发生的关于产品可靠性的官司也要花费百万美元。更重要的是，如何减少这次毒害事件对泰乐诺商标本身造成的影响。很多人曾预测泰乐诺作为商标将无法生存，也有人建议强生公司给这种产品换个商标。这样可以使它摆脱中毒事件的阴影，获得新生。

调查情况

为了掌握真实情况，公司在毒害事件发生一个月后做了民意调查，其中，94% 的消费者知道泰乐诺与那起毒害事件有关。尽管这些人有 87% 知道毒害并不是泰乐诺的生产者造成的，但他们中还是有 61% 的人说将来不愿意再购买泰乐诺了。更糟的是，50% 的消费者说他们今后甚至连片装泰乐诺也不会买了。

唯一能安慰人心的一点是，经常使用泰乐诺的人中有 46% 回答他们仍会继续使用这种药。毫无疑问，强生是想保留泰乐诺商标，经过多年的经营它毕竟已具有相当的市场基础。但是，如果在风平浪静前过早地把泰乐诺推回市场，这种产品就会烂在货架上。如果等得过久，让竞争对手占据了市场的稳固领先地位，泰乐诺就再也回不到市场上了。强生公司并未完全接受市场调查的结果，他们认为："消费者调查的弊病在于它反映的只是想法而远非实际行动。要知道顾客们到底会怎么做，最好的办法是把产品摆回货架上，让顾客用自己的手来表决。"但是时机如何掌握呢？强生公司采取的策略是，集中力量稳住常客，然后再逐渐渗透到其他顾客群重获信任。为了赢得常客们的信任，公司在电视广告中承诺将尽其所能为顾客服务，以赢得他们的信任。公司还让麦克奈尔实验室（开发泰乐诺产品的实验室）的药学博士托马斯·益茨在广告中向公众宣示："泰乐诺深蒙药界同仁和 1 亿美国人民的信任已历经数载。我们珍视这份信任，不允许对它的任何损害。我们希望你们能继续信任泰乐诺。"强生公司也鼓励泰乐诺胶囊的使用者们能去试用泰乐诺药片，因为后者不容易被人做手脚。在一次广告活动中，公司承诺免费为顾客将胶囊换成药片。另外，还通过一则报纸广告发出了 7600 万张面值 2.50 美元的购物赠券以鼓励消费者购买泰乐诺。为挽回给消费者造成的损失，那些在毒害事件发生后将手中的泰乐诺扔掉的顾客，只要打一个免费电话，就可以得到一种面值 2.50 美元的赠券，这就相当于得到一瓶免费药。

最后，公司还设计出一种防破坏包装，来杜绝类似芝加哥事件的再次发生。虽然，安全包装使每片药增加成本 24 美分，但强生公司希望它能逐渐增强消费者对产品安全性的信赖并促进销售。公司甚至还向零售商提供了超常的折扣，高达订货额的 25%。

◆度过危机

危机发生后，强生公司在止痛药市场上的份额一度由 35% 急降至不足 7%，然而，成功的危机处理策略又很快使强生公司东山再起：到 1983 年 5 月，泰乐诺已然赢回了几乎所有于头年 9 月失去的市场份额，达到了 35%，并一直保持到 1986 年。强生公司的真诚行动有了回报。

微博大 V 怒怼上海银行服务太差

2022 年 10 月 16 日，拥有百万粉丝，ID 名为 sunwear 的微博大 V 发文称，国庆前去了一趟上海银行虹梅支行，是其“有史以来见过服务态度意识最差的银行，从接电话的服务人员到保安到大厅职员全都是一副你欠他的样子”。“sunwear”称自己是上海银行的私人客户，有几千万元存款，近一年流水接近 4 亿元。但由于银行服务态度太差，他要将钱全部取走，存到别的银行，同时记录了他将存在该行的 500 万元全部取成现金拿走的过程。

随着事件的发酵，有网友反驳“sunwear”，称其疫情防控期间去银行不戴口罩，被保安阻拦后要求网点负责人下跪道歉。并指责“sunwear”是在“踩着保安和银行职员立豪侠爽文人设，欺凌普通人。”对此，“sunwear”称，当天他全程一共就讲了三句话：“忘带了。”“你们这有吗？”“哪有卖的？”后来，他还乖乖地去旁边买了一个口罩回来，但保安全程一句话没有，第一个手势指着他嘴，第二个手势扭着脑袋摆手让他出去，第三个手势挥手一指外面。“sunwear”说：“我没有任何不愿意戴口罩的表现，这个过程估计也就 15 秒，我非常配合，但他的态度极其令人不爽。”“sunwear”喊话上海银行“将监控放出来，别尬黑”。随后又发图为证，表示虹梅路支行银行员工的口罩只是挂在下巴上，“对内不戴口罩，对外重拳出击。”

除此之外，“sunwear”还提到，在打电话预约大额取现时，工作人员连一句“你好”“谢谢”“再见”都没有，他话还没说完对方直接挂电话。除了自己的直接经历，“sunwear”称，他还亲眼看到该行员工跟一位老人说：“这么大的字，你看不见吗？”这些经历都让他对虹梅路支行的服务态度感到失望。“sunwear”表示“这些虽然不是什么大事，但全都积攒到一起就让他觉得无法接受如此差的服务态度”。

针对“大客户”的投诉和质疑，截至发稿时，上海银行暂未公布现场视频和作出公开回应。不过，有媒体报道，上海银行工作人员回复称，的确有这样的事情发生，但也是个别现象。事后，上海银行方面发文表示，从初步核查情况看，虽然网点人员并未违反上海银行服务要求，但客户反馈在该网点的服务体验不好，并通过自己的方式表达不满，表明客户对金融服务有更高期许。上海银行将认真对待客户诉求，努力为每一位客户提供优质的服务体验。

也欢迎社会各界监督。

参考文献：

［1］Pullig C，Netemeyer R G，Biswas A. Attitude Basis，Certainty，and Challenge Alignment：A Case of Negative Brand Publicity［J］. Journal of the Academy of Marketing

Science，2006，34（4）：528.

［2］余明阳，陈晶晶，薛可．危机品牌应对策略与危机类型对竞争品牌信任的影响研究［J］．上海管理科学，2019，41（2）：50–55.

［3］陶红，卫海英．抢雷策略对品牌危机修复效果的影响研究——品牌危机类型、品牌声誉的调节作用［J］．南开管理评论，2016，19（3）：77–88+97.

［4］胡辛欣．虚拟社区消费者互助式服务与顾客满意关系研究［D］．武汉纺织大学，2012.

［5］方正．产品伤害危机的概念、分类与应对方式研究［J］．生产力研究，2007（4）：63–65.

［6］卫海英．品牌危机管理——基于品牌关系的视角［M］．广州：暨南大学出版社，2011：53–56.

［7］李玉峰，刘敏，平瑛．食品安全事件后消费者购买意向波动研究：基于恐惧管理双重防御的视角［J］．管理评论，2015，27（6）：186–196.

［8］Nelson. P. Advertising asInformation［J］. Journal of Political Economy，1974，82（4）：729–754.

［9］廖以臣，严思怡．产品失败应对策略对 C2C 消费者原谅的影响［J］．黑龙江社会科学，2017（4）：68–72.

［10］BatraR.，Ahtola O. T. Measuring theHedonic，Utilitarian Sources of Consumer Attitudes［J］. Marketing Letters，1991，2（2）：159–170.

［11］Voss K E，Spangenberg E R，Grohmann B. Measuring the Hedonic and Utilitarian Dimensions of Consume er Attitude［J］. Journal of Marketing Research，2003，40（3）：310–320.

［12］庞隽，宋卓昭，吕一林．报复欲望和回避欲望：实用性和享乐性产品失败后消费者反应的性别差异［J］．管理评论，2014，26（2）：92–103.

［13］胡辛欣．虚拟社区消费者互助式服务与顾客满意关系研究［D］．武汉纺织大学，2012.

［14］宋亦平，王晓艳．服务失误归因对服务补救效果的影响［J］．南开管理评论，2005，8（4）：12–17.

［15］Palmer A，Beggs R，Keown–McMullan C. Equity and repurchase intention following service failure［J］. Journal of Services Marketing，2000，14（6）：513–528.

[16] Hess Jr R L, Ganesan S, Klein N M. Service failure and recovery: The impact of relationship factors on customer satisfaction [J]. Journal of the academy of marketing science, 2003, 31 (2): 127–145.

[17] Hart C W, Heskett J L, Sasser Jr W E. The profitable art of service recovery [J]. Harvard business review, 1990, 68 (4): 148–156.

[18] Grönroos C. A service quality model and its marketing implications [J]. European Journal of marketing, 1984, 18 (4): 36–44.

[19] Parasuraman A, Zeithaml V A, Berry L L. A conceptual model of service quality and its implications for future research [J]. Journal of marketing, 1985, 49 (4): 41–50.

[20] Bell C R, Zemke R E. Service breakdown: the road to recovery [J]. Management review, 1987, 76 (10): 32.

[21] Gronroos C. Service quality: The six criteria of good perceived service [J]. Review of business, 1988, 76 (10): 32.

[22] Smith A K, Bolton R N. An experimental investigation of customer reactions to service failure and recovery encounters: paradox or peril [J]. Journal of service research, 1998, 1 (1): 65–81.

[23] Bitner M J, Booms B H, Tetreault M S. The service encounter: diagnosing favorable and unfavorable incidents [J]. Journal of marketing, 1990, 54 (1): 71–84.

[24] 同 [23] 71–84.

[25] Parasuraman A. Technology Readiness Index (TRI) a multiple–item scale to measure readiness to embrace new technologies [J]. Journal of service research, 2000, 2 (4): 307–320.

[26] Keaveney S M. Customer switching behavior in service industries: An exploratory study [J]. Journal of marketing, 1995, 59 (2): 71–82.

[27] Fisk R P. Wiring and growing the technology of international services marketing[J]. Journal of Services Marketing, 1999, 13 (4/5): 311–318.

[28] Hays J M, Hill A V. A longitudinal study of the effect of a service guarantee on service quality [J]. Production and Operations Management, 2001, 10 (4): 405–423.

[29] Lewis B R, Spyrakopoulos S. Service failures and recovery in retail banking: the customers' perspective [J]. International journal of bank marketing, 2001, 19 (1): 37–48.

[30] Fisk R P，Grove S J，Stephen J，et al. Interactive Services Marketing [M]. Beijing：Machinery Industry Press，2001.

[31] Maxham III J G，Netemeyer R G. A longitudinal study of complaining customers' evaluations of multiple service failures and recovery efforts [J]. Journal of marketing，2002，66（4）：57–71.

[32] 岳英，万映红，曹小鹏. 顾客感知的"服务失败"及其"服务补偿"关系研究[J]. 管理学报，2014，11（6）：876–882.

[33] Van Vaerenbergh Y，Orsingher C，Vermeir I，et al. A meta–analysis of relationships linking service failure attributions to customer outcomes [J]. Journal of Service Research，2014，17（4）：381–398.

[34] Fisk R P. 互动服务营销 [M]. 张金成，等，译. 北京：机械工业出版社，2001：2–60.

[35] Parasuraman. Berrv. Z eithaml.Understanding customer expectationsof service [J]. Sloan Management Review，1991，（13）：39–49.

[36] Valarie A Zeithaml，Mary JoBitner. 服务营销（第 4 版）[M]. 张金成，长虹，译. 北京：机械工业出版社，2008：164–184.

[37] 金立印. 基于关键事件法的服务失败原因及补救战略效果定性分析 [J]. 管理科学，2005，（4）：63–70.

[38] 简兆权，柯云. 网络购物服务失误、服务补救与顾客二次满意及忠诚度的关系研究 [J]. 管理评论，2017，29（1）：175–186.

[39] Forbes L.P.，Kelley S.W.，Hoffman K.D. Typologies of E–Commerce Retail Failures and Recovery Strategies [J]. The Journal of Services Marketing，2005，19（5）：280–292.

[40] Wu L. The antecedents of customer satisfaction and its link to complaint intentions in online shopping：An integration of justice，technology，and trust [J]. International Journal of Information Management，2013，33（1）：166–176.

[41] Bloch PH，Richins ML. Shopping without Purchase：An Investigation of Consumer Browsing Behavior [J]. Advances in Consumer Research. 1983，10（1）：389–393.

[42] 于宝琴，李顺东，张初兵. 服务失败后情绪反应与购后行为的关系研究 [J].

现代财经（天津财经大学学报），2018，38（5）：91-100.

［43］汪旭晖，王东明.多渠道服务商线上服务失败对线下顾客忠诚的影响——解释水平和品牌强度的调节作用［J］.财贸研究，2017，28（10）：98-110.

［44］Miller JL，Craighead C W，Karwan K R. Service Recovery：A Framework and Empirical Investigation［J］.Journal of Operations Management，2000，18（4）：387- 400.

［45］Smith A K，Bolton R N. An experimental investigation of customer reactions to service failure and recovery encounters：paradox or peril［J］. Journal of service research，1998，1（1）：65-81.

［46］Oliver R L，DeSarbo W S. Response determinants in satisfaction judgments［J］. Journal of consumer research，1988，14（4）：495-507.

［47］方淑杰，黎耀奇，傅云新.赔礼还是赔钱？——基于情绪感染理论的旅游景区服务补救策略研究［J］.旅游学刊，2019，34（1）：44-57.

［48］张圣亮，钱路.银行服务失误对消费者情绪和行为的影响［J］.北京理工大学学报（社会科学版），2010，12（2）：31-36.

［49］王彦彦.组织服务失败对客户针对服务员工行为意向的影响［D］.天津大学，2017.

［50］Tax S S，Brown S W. Recovering and learning from service failure［J］. MIT Sloan Management Review，1998，40（1）：75.

［51］Parasuraman A，Zeithaml V A，Berry L L. A conceptual model of service quality and its implications for future research［J］.Journal of marketing，1985，49（4）：41-50.

［52］Keaveney S M. Customer switching behavior in service industries：An exploratory study［J］.Journal of marketing，1995，59（2）：71-82.

［53］Knox G，Van Oest R. Customer complaints and recovery effectiveness：A customer base approach［J］.Journal of marketing，2014，78（5）：42-57.

［54］Tripp T M，Grégoire Y. When unhappy customers strike back on the Internet［J］. MIT Sloan Management Review，2011，52（3）：37-44.

［55］Grégoire Y，Ghadami F，Laporte S，et al. How can firms stop customer revenge The effects of direct and indirect revenge on post-complaint responses［J］. Journal of the Academy of Marketing Science，2018，46（6）：1052-1071.

［56］Tripp T M，Grégoire Y. When unhappy customers strike back on the Internet［J］.

MIT Sloan Management Review，2011，52（3）：37–44.

［57］Dijkmans C，Kerkhof P，Beukeboom C J. A stage to engage：Social media use and corporate reputation［J］. Tourism management，2015，47：58–67.

［58］Dijkmans C，Kerkhof P，Beukeboom C J. A stage to engage：Social media use and corporate reputation［J］. Tourism management，2015，47：58–67.

［59］Wang P，Huang W. Cross–group or within–group attention flow？ Exploring the amplification process among elite users and social media publics in Sina Weibo［J］. Telematics and Informatics，2021，56：101480.

［60］王浩 . 基于大数据的企业品牌危机传播策略研究［D］. 重庆工商大学，2021.

［61］Folkes V S. Consumer reactions to product failure：An attributional approach［J］. Journal of consumer research，1984，10（4）：398–409.

［62］杨磊 . 论品牌危机的成因和管理［D］. 湘潭大学，2011.

［63］杨芳 . 品牌危机揭露方式对消费者品牌态度的影响研究［D］. 上海交通大学，2018.

［64］罗伯特・希斯 . 危机管理［M］. 北京：中信出版社，2001：252–256.

［65］何会文 . 服务失败的顾客归因及其启示［J］. 经济管理，2003（6）：49–55.

［66］Heider. The psychology of interpersonal relations［M］. New York：Wiley，1958.

［67］范海云 . 服务失败归因理论影响下的服务补救预期差异分析——基于餐饮业与银行业中的实证研究［J］. 科学与管理，2009（3）：9–12.

［68］Folkes V S. Consumer reactions to product failure：an attributional approach［J］. Journal of Consumer Research，1984（4）：4.

［69］Scott，W，Kelley，et al. A typology of retail failures and recoveries［J］. 1993，69（4）：429–452.

［70］Palmer A，Beggs R，Keown–Mc Mullan，Caroline. Equity and repurchase intention following service failure［J］. Journal of Services Marketing，2000，14（6）：513–528.

［71］Richins，L. M. A multivariate analysis of responses to dissatisfaction［J］. Journal of the Academy of Marketing Science，1987，15（3）：24–31.

［72］Folkes，Valerie S. Customer Reaction to Product Failure：An Attributional Approach［J］. Journal of Consumer Research，1984，10（4）：398–409.

[73] Bitner，M.J. Evaluating service encounters：The effects of physical surroundings and employee responses [J] . Journal of Marketing，1990，54：69–82.

[74] Folkes V. S. Koletsky S. and Graham J. L. A field study of causal inferences and consumer reaction：the view from the airport [J] . Journal of Consumer Research，1987，13（4）：534–539.

[75] Weiner，B. Attributional thoughts about consumer behavior [J] . Journal of Consumer Research，2000，27（3）：382–387.

[76] Bitner，M.J. Evaluating service encounters：The effects of physical surroundings and employee responses [J] . Journal of Marketing，1990，54：69–82.

[77] Parasuraman，A.，Berry，L.L. and Zeithaml，V. A. Refinement and reassessment of the SERVQUAL scale [J] . Journal of Retailing，1991，67（4）：420–450.

[78] 梁新弘，何海权 . 服务接触视角下的服务失败及其效应 [J] . 经济管理，2006（9）：75–78.

[79] Smith，A.K.，Bolton，R.N. and Wagner，J. A model of customer satisfaction with service encounters involving failure and recovery [J] . Journal of Marketing Research，1999，36（3）：356–373.

[80] 刘尉 . 服务补救、服务失败归因与顾客后续行为意向关系研究 [D] . 安徽财经大学，2020.

[81] Ajzen I. From intentions to actions：A theory of planned behavior [M] //Action control. Springer，Berlin，Heidelberg，1985：11–39.

[82] Goodwin C，Ross I. Consumer responses to service failures：Influence of procedural and interactional fairness perceptions [J] . Journal of Business research，1992，25（2）：149–163.

[83] 杜建刚，范秀成 . 服务失败中群体消费者心理互动过程研究 [J] . 管理科学学报，2011，14（12）：60–70.

[84] Lewicki R. J. Bunker B. B. Trustinrelationships：Amodel of development and decline [M] . Josssey Bass，1995：133–173.

[85] Campbell，W. K. Reeder，G. D. and ElliottA.J. Among Friends An Examination of Friendship and the Self–Se ving Bias [J] . British Journal of Social Psychology，2000，39（2）：229–239.

第二篇
DI ER PIAN

员工参与企业品牌危机应对的前因研究

在危机来临时，员工是企业的“一线代言人”和“品牌大使”，作为直接与顾客接触的人群，他们往往最先发现顾客对品牌、产品、服务所产生的不满，并能够在这种不满产生的初期及时向员工传递道歉情绪与行为，帮助企业获得消费者宽恕。在一定程度上，我们可以认为员工的积极参与对企业品牌危机的成功应对具有一定的预测作用。那么，员工为何会参与到危机应对当中来？什么是其中的影响因素？其内部机制是什么？本篇将从组织整体和员工个体视角出发，探讨影响员工参与企业危机应对的相关前因变量。

第五章
组织视角下的员工参与企业品牌危机应对

一、概述

员工参与作为一种商业战略，其重要性在20世纪20年代末和30年代初开始进入人们的视线。霍桑实验引起了人们对生产力的人类决定因素的兴趣。其所体现的人际关系的管理方法强调了员工和他们的上级之间沟通的重要性。

随着管理的进一步实践，越来越多的企业开始关注员工参与的重要性。员工的参与可以提高生产效率、促进生产力的发展减少监督员工的成本，并提升更多的员工承诺（Doucouliagos，1995）[1]。员工可以参与各种管理实践，例如，分享决策权、代表参与、质量圈和员工股份所有制方案等。这些实践中的每一种都试图以某种方式让员工参与到信息共享或决策制定中。员工参与的方式可以是直接或间接的，直接参与涉及雇员本身，而间接参与则是通过雇员代表机构的中介进行的，如工作委员会或工会。直接参与的两种主要形式包括协商性参与和委托性参与。协商性参与是指管理层鼓励员工分享他们对工作相关问题的意见，但保留所有决策权的做法。另一方面，委托式参与给予员工更多的责任和自主权，让他们按照自己的想法组织和执行工作。参与工作安排、改善工作流程、控制出勤和缺勤是委托式参与的例子。

有两个理论模型可以解释员工直接参与的优势。根据参与效应的认知模型，员工的参与会增加组织中的信息传递。通常情况下，执行看似不重要的任务的员工可以获得有价值的信息。高层管理者更有可能通过参与式管理实践获得这些信息。因此，鼓励员工更自由地分享信息的做法会导致更高水平的绩效（Bowen et al，1995）[2]。参与效果的情感模型（Likert，1967）[3]提出员工的参与可以满足更高层次的需求，从而导致更大的满意度。更高的满意度反过来又加强了动机，这对生产力有积极的影响（Miller et al，1986）[4]。因此，认知模型认为员工的参与通过增加组织中的信息流而直接影响到生产力，而情感模型则认为员工的参与对员工的满意度有直接的影响，还可以提高生产力。

本书认为，由于员工的个体行为一般具备思想基础与实践驱动双重因素，企业层面的因素会主要通过情感和认知两条路径影响员工参与危机应对行为。对企业因素的研究往往集中于外部因素与内部因素两个层次，其中外部因素包括企业所处行业、行业竞争水平、企业规模和企业正规性；内部因素包括企业战略、扁平化管理、工会、工作小组、参与式管理实践、内部文化、内部沟通、员工培训、积极承担社会责任、积极应用新技术等。

二、企业外部因素对员工参与品牌危机应对影响研究

如本书前述章节，关于员工参与的研究主要集中于参与式管理的结果上。有学者采用了元分析的方法，对参与式管理对满意度和绩效等的影响而进行了研究（Doucouliagos，1995；Miller & Monge，1986）。总的来说，研究结果表明，员工参与对满意度和绩效的影响很小，但却很稳定。尽管有这么多的研究，但对于员工参与程度的决定性因素却知之甚少，也几乎没有研究关注到员工参与危机应对的影响因素，在员工重要性日益得到重视的今天，显然已有理论已经无法满足现实需要。基于此，我们对下列影响因素进行

探讨：

（一）企业所处行业

企业所处行业对于员工参与的影响是不可忽视的，这往往由行业所具有的内在属性所决定。我们认为，制造业与服务业的差异会导致企业员工参与存在显著的差异。具体而言，员工参与在服务业更为广泛。

这是因为服务业更多地面向客户，制造业更多地面向产品。相比于冰冷的产品，客户需要更多的人际互动与情感支持。由此，产生了"情感供需"的差异。服务业的员工需要更持续稳定的情感输出，以满足客户在享受服务时的情感需求。服务人员的情感态度是"他们提供的'产品'的重要组成部分"。情感投入越多，客户的满意度越高。这也被称为基于参与的情感模型，即认为员工参与和满意度往往具有正向联系，企业越来越期望更高的参与度能带来更好的服务质量。已有的管理实践也显著验证了这一点。

本书认为，企业所处行业对员工参与行为的正向影响是显著的，主要原因在于在服务中情感需求的差异。本书前述章节已经进行了阐述，制造业面临的危机主要属于产品伤害危机，员工往往难以接触到企业的消费者，加之危机的归因大多数情况不在员工，消费者不会对员工产生不满，员工参与危机应对在制造业企业中并不常见。而在服务业中，员工往往直接与顾客产生接触，其中产生的服务失败往往成为企业面临的主要危机。消费者往往希望产生服务失败的工作人员第一时间向自己道歉，并妥善解决问题。这也就造成了企业所处行业对员工参与危机应对产生了一定的差异。

（二）行业竞争水平

组织所面临的日益激烈的竞争环境使他们不得不重新评估其结构和员工关系（Hyman & Mason，1995）[5]。企业管理者致力于通过多种手段提升员工的工作积极性，驱使员工创造更多的价值，帮助企业从激烈的市场竞争中脱颖而出。因此，本书认为，较高的竞争水平能够激发员工为企业创造价值的积极性，最终提升员工的参与水平。

已有研究表明，外部竞争、快速增长的市场和极端的业绩压力都会驱动企业重视员工的价值，显然，在高度竞争环境中运营的公司必须最大限度地提高他们的生产力，这也就激励企业利用员工参与打造更强的竞争力。越来越多的企业选择依靠员工在激烈的竞争中脱颖而出，并且此类企业往往会采用比较激进的员工福利政策，通过福利提升员工工作的满意度、对企业的认同感，最终激发员工参与创造价值的积极性，员工参与就是其中重要的参与价值创造途径。

本书认为，处于高竞争水平的企业更可能作出参与式管理决策，在遭遇危机时员工更可能“主动出击”，作出更多参与应对行为支持企业。当危机来临时，激烈的行业竞争会使得同行业企业迅速抓住危机来攻击涉事企业，企业往往会遭遇比较严重的声誉、经营挑战。这时，企业单纯依靠高管道歉可能会出现失灵的情况。更可能选择通过与顾客密切接触的员工开展道歉活动，利用员工的社会关系推动企业的危机应对。而因为未发生危机时企业具有较好的福利待遇，员工往往珍惜这样的工作机会，不希望因为危机造成的恶劣影响导致自身失业、失去生活来源，员工更可能通过积极的应对行为为企业奔走相告，用实际行动降低危机可能对自身产生的影响。因此，面临激烈行业竞争的企业，更有可能因为重视员工的作用而在危机中获得员工的支持。

（三）企业规模

企业规模对于员工参与行为具有一定的影响，但是已有的研究却没有形成一致性的结论。基于不同的视角，对于企业规模对于员工参与行为的影响存在着差异性的结论。

一方面，组织规模和员工参与行为之间存在明显的正向关系（Mohrman et al，1995）[6]。1985 年至 1991 年英国进行的调查结果显示，组织规模和参与措施的数量之间存在正的线性关系。这是由于较大的组织具有更多的资源，也能接触到新的管理实践，在面对管理问题时，更可能采用创新的手段，接受员工作为企业的参与者应对企业管理中存在的问题。也有一些较大规模的企业试图通过员工参与管理拉近员工与企业之间的距离，通过员工参与管理为员工提供一种情感上的支持。

另一方面，组织规模和员工参与水平之间存在负相关关系。由于较大规模的组织往往需要规范化的管理方式，每个员工更可能被定义为“螺丝钉”，而具有较高的可替代性水平，这时往往就会产生激励机制的问题，可能会有利益分配不均的问题存在。尽管许多企业十分重视员工的激励行为，但限于现实条件，企业内部管理往往趋于条例化与公开化，例如多采取缺乏对于员工的情感激励。而情感激励被证实是提升员工满意度和认同度的重要变量。在一个大型组织中，由于层级和部门之间的鸿沟，信息共享需要有效的沟通和更高的信任度。规模较小的组织往往有更多的员工和开放的沟通。大型组织的官僚主义和机制化程度往往更高，员工之间、员工与领导之间都缺乏应有的交流，往往缺乏员工参与行为的信任基础，员工普遍具有更低的企业信任度。

回顾已有研究，企业规模主要被划分为“大”和“小”，多采用企业是否具有多产品线作为规模大小的评判标准。企业规模对于员工参与品牌危机的影响是毋庸置疑的，但这种影响的作用机制往往具有一定的调节机制，具有对组织高度归属感和信任度的员工往往更易参与到危机应对行为当中。从已有实践经验而言，小规模企业往往具有较为扁平的管理层级，员工会具有更高的归属感。较大规模的企业应当在经营中平衡企业扩张与员工支持的关系，既要保证企业的规范化运作，也要保证企业员工能够受到应有的关怀。目前，在大型企业中设立的员工关怀专职HR可以改变这一劣势。已有研究表明，员工获得情感支持对企业的意义是十分重大的，能够显著增加员工在危机时的参与应对行为。

（四）企业正规性

企业正规性的研究往往具有一定的跨国视角，相较于落后的国家，经济水平较高国家的企业正规性往往处于更高水平。一般来说，经济水平较高的国家往往拥有较高的税收水平，这也使得这些国家的政府能够资助更多的发展项目，然后更积极地促进解决他们的主要发展问题（基础设施、教育、生活条件等），这些国家往往也会拥有更高的扶贫和公共开发支出。这些都会使得员工获得更高的劳动报酬，提升员工的生活幸福感，在此基础上，员工会具有较少的工作之外的烦恼，更可能会参与到企业的实际运营当中来。

因此，本书认为，企业越正规，在危机情境下员工越可能会通过改变自身的行为帮助企业渡过难关。这体现在，一方面员工会因为企业的正规性而具有更高的荣誉感，往往会将在企业的工作视为一种荣誉，更加珍惜自己来之不易的工作机会；另一方面，具有较高正规性企业的员工往往更加相信企业，在危机发生后更多地将危机归因于外部因素，希望危机事件的真实情况能够被外界所感知到，在上述两种机制的作用下，员工就更可能会作出一些参与危机应对的行为，以维护企业的利益，帮助企业渡过难关。

三、企业内部因素对员工参与品牌危机应对影响研究

（一）差异化战略

选择以差异化战略为基础进行竞争的组织专注于创造一种独特的产品或服务（Porter，1980）[7]。这些组织可以选择以各种方式做到独一无二。两个典型的差异化战略是产品质量差异化和客户服务差异化。

企业实施产品质量差异化战略后，企业会重视内部信息协调机制的建设，通过建立协调机制保证员工可以建立高效的协调机制，共同致力于产品质量的提高（Beatty，1991[8]；Deming，1986[9]）。

在客户服务差异化战略实施后，企业往往希望通过员工来向消费者提供一些个性化的服务体验，因此员工参与对客户服务也很重要。追求服务差异化往往会带来更多的信息共享，也会带来更好地服务安排和问题的解决，从而提高服务的效率。特别是当员工被赋予直接回应客户需求的自由时，客户满意度会进一步提高。此外，根据已有研究，在员工满意度和顾客满意度之间，以及在参与式管理和员工满意度之间，都已经发现了一种积极的关系。

本书认为，当危机发生后，采用差异化战略的企业，会发挥员工在执行差异化战略中具有的独特优势，挽回品牌声誉。对于采用产品差异化的企业来说，由于拥有一定的产品壁垒，危机发生后企业的市场份额会面临一定的挑战，但并不完全会丧失市场份额。企业会抓住这个机会，激励员工与顾客开展有效沟通，帮助企业恢复声誉。对于采用客户服务差异化的企业来说，员工在制造差异化服务中本身就具有一定的优势，因此员工更具有参与企业危机应对的可能性和合理性，更易帮助企业恢复受损的品牌资产。

（二）扁平化管理

1. 扁平化管理对员工参与危机应对的正向影响

扁平化管理对员工参与危机应对的影响较为显著。这种员工参与来源于制造业的实践，希望通过让底层员工更多地参与决策和工作过程，并给予这些员工更大的自主权和对工作任务和工作方法的控制权（Cappelli & Rogovsky，1994）[10]，增加一线员工之间横向沟通（Ichniowski et al，1997）[11]。从现实的企业实践，我们不难发现，如果工作组织的特点是自主和扁平的等级制度，非管理人员的强化沟通和自主性都会得到改善（Appelbaum et al，2000）[12]。其中主要的内部机制如下：

首先，这种策略利用了非管理阶层的特殊知识，管理人员对他们员工过程的了解，并结合员工技能和专业知识（Levine and Tyson，1990[13]；Cooke，1994[14]；Hubler and Jirjahn，2002[15]）。对于一线员工来说，他们对自己的工作是最具有发言权的。在长期的生产实践中，一线员工往往积累了丰富的生产经验，并形成一些对于生产经验效率提升的独特观点。由于企业层级较多，员工往往无法及时地将自身对于管理实践的理解付诸实践，这也就体现为无法参与到管理实践当中来。当员工对于工作流程的改进能够影响到企业的实际经营时，员工往往会产生专业知识被应用的“主人翁意识”，会进一步激励员工参与企业实际的管理决策。

其次，扁平化管理能够提升员工对组织的认同感。每个员工都会希望对他们的企业和所做的决策有更高的认同感，这样他们就会感到更加投入，从而更好地完成工作。在员工对企业产生认同感后，员工更可能参与到企业实际的管理实践当中来，为企业分担生产经营中存在的各种问题。

再次，扁平化管理能够减少生产中产量预估失真问题，员工参与决策可以更有效地平衡生产，从而消除生产过程的瓶颈或中断。员工是产品的实际生产者，往往对于产品的生产具有发言权，也能够对生产中可能出现的问题了如指掌，防止生产中可能出现的问题对产量造成影响。由员工主导的产量计划会显著提升生产的有效性，降低生产冲突发生的可能性。

最后，减少等级制度可以使一些中层管理人员成为多余的、而且更高的团体成本。给予员工工作的自主权可以减少浪费、库存和低效率。很多企业深受“大企业病”的困扰，过多的中层领导不但提升了企业的经营管理费用，也使得企业的信息传递存在失真的现象。另外过多的层级也使得企业各部门之间存在利益冲突，产生“各自为战”的现象。

上述要素揭示了企业采用扁平化管理方式的必要性，也说明了采取扁平化的管理方式能够激发员工的积极性与自主性，增加员工参与企业经营管理的行为，而这些行为对于增加员工的参与危机应对行为具有重要意义。

2. 扁平化管理对员工参与危机应对的负向影响

学者认为组织的扁平化可能会对员工参与企业管理带来一些负面的效应。

例如，本应提高车间员工参与度的组织变革也可能增加压力，导致工作强度的增加（Ramsey et al，2000）[16]。任务、责任和工作结构的改变使得员工的技能过时，增加工作压力，并可能使一些员工的地位恶化。一些员工可能认为参与到企业的经营管理中对他们没有什么价值，从而参与的动机比较弱（Cooke，1994）[17]。此外，让员工作为企业主要经营参与者的管理实践可能面临着较大程度的抵制（Milgrom 和 Roberts，1992）[18]。例如，如果员工参与的回报很小，或者对员工来说很不确定，特别是如果组织推动员工参与会危及他们的工作，员工就会阻碍这些变革（Zwick，2002）[19]。

3. 扁平化管理对员工参与危机应对的影响综述

危机后新的工作实践和机构层面的绩效之间存在着积极的关系，参与性人力资源实践对生产力有积极的影响（Black et al，2001[20]；Wolf et al，2003[21]）。基于此，当企业拥有较高的扁平化管理水平时，员工会在日常工作中扮演较为重要的角色，具有更高的主人翁意识。当企业危机发生后，员工会采取多种方式降低危机对企业的影响，通过主动参与危机应对的形式帮助企业度过危机。

（三）工会的存在

员工参与企业管理的成功也可能取决于具体的内部和外部条件。例如，一些学者认为，生产力的提高可能不会普遍发生，而是依赖于某些商业战略和生产实践以及人力资源实践的捆绑（Ichniowski et al，1996）[22]。例如，MacDuffie（1995）发现，在特定行业，如美国服装业或汽车业，人力资源实践存在互补性[23]。Cooke（1994）强调，在美国，工会企业的团队比非工会企业的团队对附加值的贡献更大。

工会，或称劳工总会、工人联合会。职工为争取更好工作条件等共同目标而自愿联合的组织。工会原意是指基于共同利益而自发组织的社会团体。这个共同利益团体诸如为同一雇主工作的员工，在某一产业领域的个人。工会组织成立的主要意图是为了可以与雇主谈判工资薪水、工作时限和工作条件等。随着员工在企业经营中扮演越来越重要的作用，越来越多的企业开始重视工会的建设。

已有的组织实践也证明了工会对员工参与的提升。工会的存在可能会影响管理层管理下的车间员工参与的生产力效果。工会机制的设立会帮助企业获得更多的员工支持。

然而，工会的建立取决于企业员工的主动性。目前，工会并非存在于所有的企业，并且工会在各个企业中发挥的作用也参差不齐。虽然工会在工资支付方式、休假安排、加班和使用监测雇员表现的技术设备方面有充分的共同决定权，但他们只对设备和工作方法的改变有协商权（Addison et al，2001）[24]。因此，我们不得不承认的一点是，工会对于员工参与的影响也可能是有限的，这种影响要取决于企业内部对于工会的重视与支持程度。

因此，本书认为，工会对于员工参与的影响也可能存在正负两种效应。一方面，工会可能会阻碍员工参与水平的提升。如果管理层决定采用提高生产力的工作方法，工会可以利用他们的讨价还价能力来要求企业使用需要较少的额外努力就能完成的工作。工会的存在可能会减少员工参与多种形式的新技术和新管理的机会，以减少对雇员的负面影响。其中的机制主要在于工会会将一部分员工参与管理的工作视为对员工价值的压榨，从而产生较高水平的反对动机，这也就阻碍了员工参与水平的提高。

另一方面，工会可能会提高员工参与水平，工会的联合性与权威性能够对管理层产生一定的威慑力，管理层更可能作出可信的承诺，在日常的决策中考虑到员工的利益。这些都会增加员工对于企业的信任，员工也可以通过间接方式参与到企业的实际管理中来；此外，工会的存在也增加了员工之间的凝聚力。高凝聚力是有效的集体声音的先决条件（Levine 和 Tyson，1990）[25]。无论是积极的“集体声音效应”还是消极的“管理限制效应”，都体现了员工在企业管理中发挥的重要作用。

本书认为，工会对员工参与危机应对可能存在两方面的影响，而这种影响取决于企业工会在员工关系管理中所发挥的作用。一方面，由于工会的存在，员工更可能受到工会的保护，将参与危机应对视为对工作的额外要求，从而减少参与危机应对的行为，这种影响往往符合国外的现实情境。另一方面，工会的存在能够显著增加员工的间接参与行为，增加员工对管理层的信任，增加组织的凝聚力，最终提升员工对品牌的心理所有权，提升员工参与危机应对的意愿，这种影响与我国的实际情况较为符合。

（四）工作小组的设置

工作小组作为一种新型的管理实践对员工参与可能产生的影响。自主工作小组通常没有主管，实施自我管理。职责如下：自行分配工作，在达到质量标准的同时达到生产目标，解决生产问题，记录生产数据，组织时间表，订购原材料，向客户交付成品，呼吁工程支持，以及选择和培训新员工（Kemp et al，1983）[26]。

工作小组会对工作产生一定的正向影响。Wall et al.（1990）[27]认为可以通过自主工作小组来形成“先进制造技术”：包括控制、认知需求、生产责任和社会互动四个过程。在英国的一家工厂里，在自主工作小组中工作的员工报告了更高的工作满意度，而且与另一个使用传统设计的工业组织的工人相比，他们也认为工作角色更加复杂。同样，在美国的研究中，自主工作小组会产生更高的变革接受度、提高对管理层的信任和组织承诺。Parker（1997）[28]进行了一项严格的研究，比较了三种类型的工作小组：没有重新设计的工作小组，引入及时生产（JIT）和全面质量管理（TQM）方法的工作小组，以及在建立自主工作小组的同时引入 JIT 和 TQM 方法的工作小组。作者观察到，与其他两组相比，后一组在认知上更多地重新定义了他们在组织中的角色：这一组的员工形成了更多的战略导向（即认可组织的关键战略）和更广泛的角色导向（即改变了对自己工作责任的看法）。这是因为在这个小组中增加了工作自主权，才使情况发生了变化。其他研究表明，自主工作小组的积极影响是持久的，特别是在内在工作动机方面（Wall et al，1986）[29]。

来自组织发展领域的相关研究也为工作小组的设置对于员工参与行为的影响进行了阐述。自主的工作小组丰富了任务的设计（Campion et al，1993）[30]。Cohen（1996）[31]在一个美国样本中发现，由于这种工作组织形式丰富了组织内容，使得组织稳定性更强，有了明确的规范而且协调性更强，组织成员拥有专业知识和创新能力。最后，在质量、生产力、成本和安全方面的表现更好，而且更加遵守工作纪律，迟到早退的行为更少，增加了管理的容易性。

文化对自主小组的工作也有一定的影响。例如，Jin（1993）[32]证明了在中国的制造工厂中，自愿组成的团队比通过分配组成的团队有更高的动机和绩效质量（但不是数量）。Cordery et al.（1991）[33]发现，在澳大利亚的一家矿物加工厂里，自主工作小组的员工比传统设计的工作岗位的员工报告了更积极的态度。在以色列的一个样本中，Meier（1984）[34]发现，组织工作的团队方法与自主感有关。荷兰的自主工作小组证明了更具激励性的任务设计，团队成员之间更高质量的关系，减少了工作负担，并增加了幸福感（Van et al，2000）[35]。

工作小组已经逐渐成为中国企业内部管理中新型组织形态，很多企业开始采用项目组的形式开展组织管理。本书认为，工作小组的设置能够显著增加员工对于工作和企业的认同，进而提升员工的参与行为。在危机发生后，工作小组对于员工认同的影响会激励员工投入到参与危机应对的行动当中，工作小组内部，员工也会集思广益，为企业的危机应对出谋划策，共同帮助企业顺利度过危机。

（五）参与式管理实践

1. 参与式管理实践的定义

参与式管理实践是企业管理变革中重要的环节，它意味着企业摆脱了员工只负责执行的刻板经营思路，开始走向员工参与管理的经营道路。

2. 参与式管理实践的方式及影响因素

早期的组织行为学研究者发现，当员工被允许参与决策时，他们似乎在工作中投入更多的精力，并感到更少的压力（Coch & French，1948）[36]。参与式管理可以有多种形式。Hackman（1986）[37]讨论了以赋权形式的参与可以有以下几种方式：

（1）以他们想要的方式执行工作；

（2）监督和管理工作过程；

（3）设计和分配工作；

（4）为单位或组织设定目标。

另外可以依据参与的内容分为：

（1）参与设定目标；

（2）参与决策；

（3）参与解决问题；

（4）参与组织内变革的发展和实施。

参与任务的多样性促进了对决策的参与，这反过来又促进了工作满意度和承诺。同时，当参与被用于战术层面（任务决策）时，与工作满意度尤其相关，由管理层作出的战略变革决策加上对战术决策（如何进行变革）的参与会增加对变革的接受度。另外，参与计划和评估与满意度有关，而参与计划只与生产力有关。

3. 参与式管理与员工参与危机应对

Mikkelsen 和 Gundersen（2003）证明，在挪威邮政部门实施的参与式管理产生了更高水平的员工参与行为，以及压力和主观健康的改善[38]。一项元分析表明，参与对满意度和绩效的影响是由控制和自主性的体验所中介的（Miller & Monge，1986）[39]。这对自我决定理论的观点是支持的，它表明给员工选择权、良好的理由和观点的把握与更大的自主感有关。Coye 和 Belohlav（1995）[40]对 326 名美国 CEO 进行了调查，发现参与式管理的使用与员工的参与度有关。总的来说，西方的研究表明，参与式管理的积极效果主要归因于增加了员工的自主权。

尽管许多学者赞成参与式管理对员工参与具有显著的正向作用，但很多学者也有一些反面的观点。例如，一些研究者认为，员工参与是一种道德上的要求，过多的参与要求对员工形成了道德负担（Sashkin，1984）[41]。然而，其他研究者则认为，参与对员工的激励作用过于重要，它并不总是产生理想的生产力结果，而且管理起来也很烦琐。例如，Latham et al.（1994）在一项实验室研究中发现，在参与式目标设定条件下的受试者感到更有自我效能感，但并没有比指定目标条件下的受试者表现更好[42]。然而，Latham et al.（1988）[43]发现，可能不是参与本身导致了更大的接受度和表现。在一项研究中，他们将参与式目标设定条件下的实验对象与目标分配条件下的实验对象进行了比较，结果没有表现出差异。

基于上述分析，本书认为，参与式管理会通过增加员工工作自主性对员工参与管理起作用。但这种自主性的增加存在着许多其他路径，参与式管理只是其中的充分条件，并非唯一条件。Sagie（1994）[44]的元分析支持了这一结论，显示员工绩效目标设定方法与参与式管理实践一样与绩效密切相关。

现有的少量跨文化研究表明，不同形式的参与式管理在一些非西方文化中被使用，并取得了积极的成果。例如，Sagie 和 Aycan（2003）[45]发现，个人主义—集体主义和权力距离这两个文化维度与特定的参与式管理方法，如面对面的参与式管理、集体参与式管理、伪参与式管理和家长式参与式管理有预测性的关系。在欧洲，Cabrera et al.（2003）[46]发现两种形式的参与式管理占主导地位：协商式和委托式。Lam et al.（2002）[47]发现，在中国香港和美国的可比银行雇员样本中，感知到的参与式决策与雇员绩效有同等的关系。

因此，本书认为，参与式管理对员工参与行为的正向影响会受到其他因素的制约，例如员工的绩效目标合理性、所在国权力距离等。当危机发生后，员工参与危机应对的行为也会受到参与式管理实践的影响，与参与式管理实践呈现出正相关关系。当企业重视参与式管理实践时，员工更可能表现出更高的自我效能，也就可能在参与危机应对中表现出更高水平的积极性和自主性。

（六）内部文化

1. 内部文化的定义

文化在企业的发展中发挥着越来越重要的作用，越来越多的企业开始重视打造企业文化，以增加员工的认同。组织文化已经被证明可以推动员工的参与（LockWood，2005）[48]。在一个友好和支持性的工作环境中，员工的参与更有可能发生。适当的报酬和福利可以促进这种参与。同时，与组织的使命和愿景声明保持一致，积极的同伴待遇，以及工作和生活的平衡政策也会促进这种参与。社会交换理论可以用来证明组织文化和员工参与之间的联系。这种联系是组织和员工之间的双向关系。当员工觉得他们从雇主那里得到了好处，他们就会觉得有责任通过他们的工作态度来回报这种恩惠。社会交换理论暗示了这一点，它指出一个长期的、互利的关系将导致长期的忠诚、信任和承诺（Cropanzano & Mictchell，2005）[49]。

不同的作者对企业文化进行了不同的定义，在大多数的定义中，普遍认为企业文化是一个组织的成员所持有的和进行的价值体系，它使该组织区别于其他组织。它是一个特定群体在学习应对外部适应和内部整合问题时，发明、发现或发展的基本假设模式，这些假设足够有效，因此被认为是有效的，并被传授给新成员，作为对这些问题的正确认识、思考和感受。文献中存在不同的文化模型。在现有的模型中，比较突出的是汉迪的文化框架理论，它确定了四种组织文化，分别是权力文化、角色文化、成就文化和支持文化。以下是四种文化的简介：

（1）权力文化

权力文化是一种文化类型，其特点是由中央领导发出的控制和权力，通常以非正式的方式运作，规则和程序很少。这种类型的权力适合于领袖人物，并可能导致权力距离，即团体中权力较小的个人很愿意接受不平等的权力分配而不加质疑，并将其视为正常。

（2）角色文化

角色文化是一种以官僚主义为特征的文化，因为工作是由最高层的一位经理或少数经理协调的。在这种文化中，角色被认为比担任这些角色的人更重要，人们在一个高度明确的结构中拥有明确的授权。

（3）成就文化

成就文化的重点是组织的使命和完成工作。这在成员中产生了强烈的目的感，而这种目的感往往凌驾于所有其他因素之上。优先考虑的是目的而不是手段，个人的专业知识受到高度重视。支持型文化是一种共识性的文化，管理控制有限。

（4）支持文化

根据Schein的说法，支持文化是一种人们出于承诺和团结的意识而作出的贡献。关系的特点是相互性和信任，组织的存在主要是为了满足其成员的需求。在一个有支持文化的组织中，个人被期望通过榜样和帮助来影响对方。

从上述研究中可以发现，已有的一些西方研究已经证实了组织文化和员工参与之间的联系。组织文化和员工参与之间的关系可以从社会交换理论（SET）

的角度来解释。根据该理论，社会行为是一个交换过程的结果。霍曼斯在他关于社会交换的开创性著作中指出：“社会行为是一种商品的交换。因此，当员工认为组织的文化允许他们与组织内的其他成员有良好的关系，他们在其中得到了所需的支持和权力，他们往往会全力以赴，尽职尽责，努力工作。”

2. 内部文化与员工参与危机应对

Idris（2007）[50]在对巴基斯坦公共会计师事务所的员工进行的横向研究中发现，会计师事务所让他们的员工致力于工作，并不是因为给他们提供了有吸引力的奖励，而是因为他们的组织文化与员工的价值观相一致。Pritchard（2008）[51]指出，当一个组织的文化不被其成员所欣赏时，员工就会产生强烈的辞职倾向而不是留下来。个人—环境（P-E）匹配模型中指出，那些发展出与成员的价值观相匹配的文化的组织，能够保留并吸引更多的关键员工。基于上述情况，我们认为，组织文化作为一个整体将对员工参与度产生积极和显著的影响。

但是，组织文化也可能会产生一些负面影响。例如权力文化会带来一定的社会距离，Cooke（1994）在对美国新泽西州的卫生服务机构的员工进行横向研究时发现，当权力在这些机构中被过分强调时，身居高位者的需求得到了满足，而在很大程度上牺牲了承担业务活动的低层员工[52]。在这种高权力文化的组织中，这些低层次的员工感到没有动力，这导致他们有更高的辞职意向，因此表现出低水平的参与。基于上述情况，我们认为，权力文化将对员工的参与度产生显著的负面影响。

角色文化可能会产生一定的正向影响。Pritchard（2008）在马来西亚选定的电信公司中抽样调查了190名员工，发现如果在电信行业的组织内进行适当和有效的工作分析，使员工的角色和责任，特别是初级成员和新员工的角色和责任得到明确界定，角色的模糊程度就会受到限制，这就导致了有效的工作绩效，从而使员工在工作中最大限度地投入。基于上述情况，我们认为，角色文化将对员工的参与度产生积极而显著的影响。

支持文化会对员工参与产生正向影响。Sultana（2012）[53]的研究结果表明，如果员工认为他们的组织没有提供与他们的工作相关的正确设备和工具，他们大多不愿意执行，从而与组织分离，在培训之后，如果接受培训的工人没有得到所需的支持，无法将所学的知识和技能应用于组织的相关领域，他们可能会感到失去动力，从而有强烈的意愿退出组织。他认为，即使这些员工决定留下来，也可能是由于该市场缺乏工作机会，因此他们对组织的承诺和参与将是一个挑战。因此，我们认为支持文化将对员工的参与度产生积极和显著的影响。

基于上述研究，本书提出以下论断：

从组织层面而言，组织文化会对员工参与危机应对产生正面影响。组织文化包括权力文化、角色文化、成就文化和支持文化，这四种文化分别可能产生不同的影响。其中权力文化会导致企业内部的社会距离显著增加，不利于员工融入组织内部，也就不利于员工参与危机应对行为的产生。而角色文化、成就文化和支持文化可以通过不同路径增加员工对企业的认同感，最终提升员工参与意愿。

当危机发生时，由权力文化带来的社会距离会使得员工与企业之间产生一定的“隔阂”，这种现象可以利用精细加工可能性模型进行解释。员工倾向于通过认知路径处理社会距离较远的信息。此时员工更加基于危机事件的本身性质对企业进行判断，最终产生较低的员工参与危机应对行为。而角色文化会通过增加员工的工作投入度提升员工参与危机应对意愿；成就文化给员工带来高度的成就感，员工会因自己身处组织中而感受到满足与认同，更可能在危机发生后与企业“共同应对”；支持文化会影响员工的社会交换动机，在危机发生后，员工会将感知到的支持“返还”给企业，采取参与危机应对行为帮助企业度过危机。

（七）内部沟通

越来越多的企业注重开展企业内部沟通，以提升企业内部的信息共享效率。内部沟通实践也成了企业推动员工参与管理的常用手段之一。内部沟通通过信任和对组织开放性的感知对员工参与危机应对展开影响。

企业内部沟通的管理实践能够推动员工对于组织开放性的感知，也能够提升员工对于组织的信任，对于开放性的感知和对于组织的信任会共同作用，提升员工的参与危机应对行为。

毋庸置疑，信任和组织开放性是十分重要的。信任是两个人之间关系的一部分，涉及信任者根据另一方的行动自愿接受风险。例如，一个雇员可能相信她的主管会公平对待她，提供专业成长的机会，确保她有必要的工具来做好她的工作，并提供良好的指导。如果这些期望得到满足，员工就更有可能将全部注意力集中在她的工作任务上。相反，如果员工不信任她的主管，她就更有可能花时间掩饰自己，质疑老板的指示，甚至寻找另一份工作。

内部沟通对于信任的影响受到信息数量和信息质量双重影响。信息的质量往往是在准确性、及时性和有用性方面进行操作。已有研究表明，信息的质量与较高的信任度有关（Benton et al，1969）[54]。当信息的质量较高时，信息的接收者往往可以凭借信息减少一定的工作量，久而久之就会对信息源产生较高水平的信任。与信息质量类似，从同事、主管或高层管理人员那里获得足够的信息，将倾向于减少信任者对于不确定性的感知，使人更愿意依赖信息源。

因此，本书认为，在企业内部沟通中，信息的数量和质量都会对员工的信任和企业开放性水平产生正向影响，进而影响到员工的参与危机应对行为。当品牌危机发生后，良好内部沟通的企业可以通过内部沟通机制迅速帮助员工建立对于危机性质的准确认知，减少员工对于危机的不确定性感知，员工也会更多地选择去支持和信任组织，参与到组织应对危机的进程当中来。

（八）培训

1. 内部培训的定义

由于培训与员工绩效的积极联系，培训的概念在人力资源领域获得了更多的青睐。培训是任何组织中能力建设的一个方面，它的开展是为了提高员工的绩效，使组织达到目标。

培训是一种有计划、有系统的活动，其结果是提高有效执行工作所需的技能和知识水平（Sultana et al，2012）。培训主要涉及员工技能和知识的改进和升级，最终增加工作绩效。培训是提高个人生产力的一种方式。在培训过程中，员工获得了技术技能、人际关系技能和扎实的知识，以便在工作场所有效地完成他们的工作，缺乏持续的培训计划会导致员工的绩效降低（Nawaz et al，2014）[55]。

2. 内部培训与员工参与危机应对

培训不仅可以发展员工的能力，还可以磨炼他们的思维能力和创造力，以便及时作出更好的决定，提高工作效率（Elnaga & Imran，2013）[56]。培训也使员工能够以有效的方式与客户打交道，并及时回应他们的投诉。因此，为了让工人准备好做他们的工作，公司应该组织提供培训，以便优化员工的潜力。大多数公司通过应用长期规划，投资建立新的技能、知识和改变员工的态度，使他们能够应对未来可能面临的不确定性，从而提高员工的绩效。当员工没有工作动力，没有得到支持以进一步发展他们的事业时，会被内部审计师视为一种挑战，这对他们的绩效产生了影响。

培训项目基本上分为两种，即在职培训和非在职培训。接受在职培训的员工与接受非在职培训的员工相比，表现更好。这要归功于丰富的工作经验，增加了技能和知识。然而，接受在职培训和接受非在职培训之间存在互补关系。以前的研究提供了证据，证明培训和员工绩效之间有很强的正向关系，例如，Elnaga和Imran（2013）认为，培训是重要的人力资源管理实践之一，对工人的知识和技能质量有积极影响，这导致了更高的员工工作绩效。根据 Hameed 和 Waheed（2011）[57]的观点，一个训练有素、积极性高的员工由于拥有技能和信心，可以在较少的监督下工作，从而减少监督成本。训练有素和高度负责的劳动力的影响能够通过他们与客户的友好关系提高公司的效率。可以说，培训只有在适当的情况下，通过正确识别和选择受训者，及时安排培训，并根据相关员工在知识、技能、能力和态度改变方面的差距，才能提高员工的绩效。通过这样做，培训为员工以及组织带来好处，通过发展员工的知识、技能、能力和行为，对员工的表现产生积极的影响（Sultan et al，2012）。

我们不难发现，在培训对于组织绩效的影响机制中，员工参与是重要的中介机制。通过培训，员工能够更好地培养工作素养，掌握工作技能。也能更好地承担工作上的任务，产生更高的工作绩效。本书认为，培训对于组织和员工都具有重要的意义。很多企业已经开展了公关技能培训，特别是当危机发生后，培训会为员工提供一些处理和应对危机中消费者负面反应的技能，能够更好地帮助企业参与到企业危机应对的行动当中。

（九）社会责任

企业社会责任的研究可以追溯到 1930 年代。在最初阶段，企业社会责任通常被称为社会责任，文献主要是在制度层面，其论述围绕着公司在社会中的作用。企业社会责任的研究主要集中在机构和组织层面（Wang，2015）[58]，强调主要对外部利益相关者的影响。

1. 企业社会责任的定义

有很多企业社会责任的定义，这个概念在不同的科学领域都有研究。Aguilera et al.（2007）[59]将企业社会责任定义为公司对超出公司狭隘的经济、技术和法律要求的问题的考虑和回应，以便在公司寻求传统经济收益的同时实现社会效益。欧洲共同体委员会将企业社会责任定义为一个概念，公司在自愿的基础上将社会和环境问题纳入他们的商业运作和与利益相关者的互动中。

我们可以说，企业社会责任可以被定义为组织在创造积极的社会（包括环境）变化方面的政策和做法，旨在为不同的利益相关者服务。值得注意的是，这是一种自愿的方式。一些作者在文献中探讨了企业社会责任和人力资源管理之间的联系（Gond et al，2011）[60]。

2. 企业社会责任与员工参与危机应对

企业社会责任有内部和外部两个层面。内部企业社会责任实践是指与员工的生理和心理工作环境直接相关的企业社会责任实践（Turker，2009）[61]。它表现为对员工健康和福利的关注，他们的培训和对企业的参与，机会平等，工作和家庭关系。外部企业社会责任是指企业在其边界之外的社会责任行动，如针对当地社区、商业伙伴和供应商、客户、政府和非政府组织的行动。

本书认为，企业内部社会责任与外部社会责任会共同对员工参与行为产生正向影响。从不同的维度上来说，对于内部社会责任而言，员工会感受到企业对于自身福利的维护，以及企业内部塑造出的公平公正氛围，可以帮助员工从情感上对企业产生较高水平的依恋，从行为上积累参与企业管理的相关技能。特别是当危机发生后，员工更可能在情感上对企业产生一定的怜悯，产生对企业的保护行为，采取行动帮助企业度过危机；对于外部社会责任而言，企业积极承担外部社会责任可以帮助其获得更多消费者的支持，员工在工作中能够感受到更高的积极性与主动性，这些都会刺激员工参与到组织的管理当中来。特别是，当危机发生后，企业承担社会责任会使得员工对其产生一定的信任和支持，这种信任和支持会演化成为员工参与危机应对的重要动力。

（十）企业管理技术创新

1. 企业管理技术创新的定义

随着信息技术的不断发展，越来越多的企业开始注意到发挥新技术在促进员工参与方面的重大作用。可以说，新的技术发展为员工参与企业管理提供了新的机会。这些包括：

（1）内联网建议系统（ISS）

传统的建议箱是挂在部门走廊上的实体邮箱，现在已经在很大程度上被通过公司内联网提供的在线建议系统所取代（Fairbank and Williams，2001）[62]。基础设施服务系统的主要好处是便于员工使用，并提高了从意见提交到意见评估和实施的自动化工作流程的效率。然而，与其他形式相比，ISS 存在的典型缺点在于个体的意见和建议可能难以反映企业中所有部门的工作流程和利益诉求，不利于促进员工参与。

（2）知识管理系统（KMS）

为了支持组织学习，KMS 越来越有意义，特别是考虑到知识的日益复杂化和专门化。KMS 促进了知识的交流，这在团队间合作的情况下尤为重要（Alavi 和 Leidner，2001）[63]。KMS 也有助于捕捉学习，并使其可重复用于其他团队和未来的情况。很多企业开始建立的中台就属于知识管理系统范畴，通过中台整合企业的各种关键资源，让各个部门充分挖掘中台中存在的各种资源，可以降低资源的重复投入，显著降低企业的运营成本，激发员工的参与热情。

（3）虚拟专家社区（VEC）

特别是在大型组织中，在地方和职能边界内解决问题越来越困难。知识管理系统在这方面可以提供帮助，提供对文献知识的访问；另一个选择是通过“实践社区”（Wenger and Snyder，2000）[64]来获得对知识持有者的访问。这种实践社区是由拥有共同兴趣或专业领域的专家组成的网络，他们交流思想，并相互帮助解决具体问题。组织内部的 VEC 有很大的潜力，例子包括施乐公司为负责修理机器的客户服务代表开发的社区（Brown and Duguid，2000）[65]。

（4）在线创意竞赛（OIC）

经典的开放式创新形式也可以发挥作用。突出的例子是所谓的“创意竞赛”或“创新锦标赛”。OIC通常是有时间限制的，并以活动的形式进行，在活动中，组织部门通常会邀请一个具有创造性和创新性的目标群体为一个具体问题提出想法。然后，由评委会对这些想法进行评估，获胜的想法通常会得到奖励。经验性研究提供了一些例子，说明公司已经成功地使用了这种方法，不仅在外部，而且在内部也与员工一起使用。

（5）企业社交网络（CSN）

公司内部使用的社交软件被称为“企业2.0”。根据定义，社交软件“使人们能够通过计算机为媒介的通信进行会合、联系或合作，并形成在线社区”。CSN可以称为综合系统，它结合了维护员工档案、连接人们、促进企业知识管理的功能，其中用户产生的内容演变为知识库，也支持创新过程和工作流程。

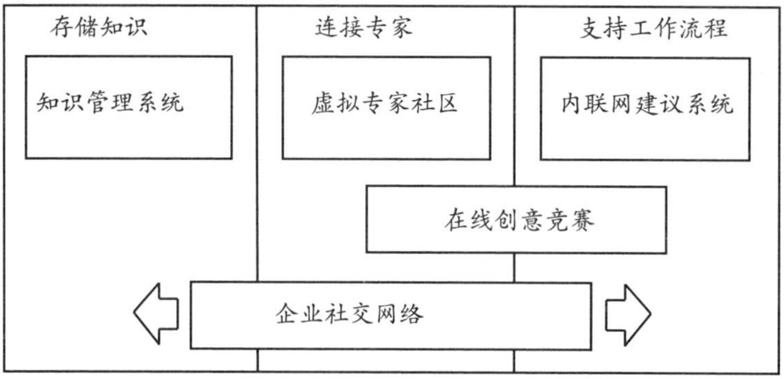

（6）远程办公

新冠疫情对全球的人力资源管理都提出了新的挑战，在疫情防控期间，远程办公也逐渐成为各公司采用的一种办公方式。远程办公被认为增加了工作的自主性，并要求员工在工作行为中更加自我调节。

我们认为，远程办公的兴起，体现了员工在工作期间自主性的增强，员工能够根据自身的时间和现状合理安排工作时间，减少了通勤压力，能够提升工作的满意度和幸福感，最终会有利于员工参与行为的提升。

（7）工作场所的电子监控

在工作场所安装电子监控已经成为许多企业进行员工管理的手段。我们认为，工作场所安装电子监控不利于增加员工参与行为。在过去的几十年里，刷卡系统、生理监测设备（眼睛和指纹探测器）、全球定位系统（GPS）等位置感应技术以及计算机监控和使用摄像机来监测员工行为的情况都在增加。2007年的电子监控调查显示，66%的受访美国雇主报告使用互联网监控，43%报告使用电子邮件监控，45%报告使用电话监控，48%报告使用视频监控，8%报告使用GPS来监控公司车辆。

2. 管理技术创新与员工参与危机应对

除了对侵犯隐私的担忧，学者们普遍认为绩效监控会增加压力水平，并可能导致健康问题。这种观点与自我决定理论中关于监督对内在动机的负面影响的研究是一致的。尽管一些研究表明，员工监督会提高工作绩效引起社会促进作用，降低复杂任务的绩效。这些绩效的下降和压力的增加被认为是由监控系统对工作自主权的影响造成的（Carayon，1994）[66]。

然而，关于监控的研究不仅集中在这些技术的单纯使用上，而且还集中在公司和管理者利用这些技术的动机上。例如，Lyon（2006）[67]提出了一个模型，显示了不同类型的监控，从温和（被动）到激进（主动利用），监控的范围从与工作有关的（如计算机监控）到与工作和非工作有关的（如视频监控），与非工作有关的监控被一些员工认为是更多的控制，甚至是不道德的。

通过上述论述，本书认为，数字技术的应用对企业员工参与的影响可能是多方面的。既可能因为新技术的引进畅通了沟通渠道，企业内部取得更加高效的运转，员工更多地参与到工作之中，也可能因为新技术的使用造成员工隐私、利益受损，引发员工的反感。当危机发生时，恰当地利用数字技术也能激发员工参与危机应对的热情，帮助员工更好地参与到企业危机应对的行动中来。企业对于新技术的使用要趋利避害，真正发挥新技术在促进员工工作积极性、增加员工参与方面的作用。

四、典型案例示例

海底捞“老鼠门”：善待员工，埋下重生的种子

2017 年 8 月 25 日上午 10 点 23 分，《法治晚报》发布的一篇《暗访海底捞：老鼠爬进食品柜火锅漏勺掏下水道》调查报道，曝光了海底捞北京劲松店、太阳宫店后厨老鼠乱窜，打扫卫生的簸箕和餐具同池混洗，用顾客使用的火锅漏勺掏下水道，然后放到装餐具的锅中一起清洗等一系列食品安全问题。下午 2 点，海底捞官方微博就“老鼠事件”发表致歉信，承认问题属实，致歉并决定整改。

事件发生以后，海底捞总经理杨小丽称，海底捞一直在做门店的内部自查整改工作。同时，海底捞“明厨亮灶”相关措施已经开始部署实施。根据北京市食药监局的要求，海底捞北京地区所有门店一个月内将实现后厨公开，接受社会监督。

对于海底捞将北京劲松店、北京太阳宫店主动停业整改、全面彻查的做法，涉事停业的两家门店的干部和员工表示自己能够理解公司的做法，服务员张丽也说道，员工其实无须恐慌，只需要认真遵守企业要求，严格遵守卫生制度。在后厨工作的帮厨也说，公司经过调查积极承认了自己的问题。其实一开始我们后厨工作人员都担心“犯错者系临时工、已开除”“责任人是部门经理、已做开除处理”这样的处理方式，但后来公司让我们放下心来，出现这样的事是公司管理制度出现了问题，我们放心也安心。

在海底捞处理危机事件的过程中，我们看到了海底捞对于员工的责任与担当，也感受到了员工作为海底捞的一员与企业“同甘苦共患难”的决心，我们相信这也是员工帮助海底捞迅速走出危机的力量源泉。

资料来源：作者整理

参考文献：

[1] Doucouliagos C. Worker participation and productivity in labor-managed and participatory capitalist firms: A meta-analysis [J]. ILR Review, 1995, 49 (1): 58-77.

[2] Bowen D E, Lawler III E E. Empowering service employees [J]. MIT Sloan Management Review, 1995, 36 (4): 73.

[3] Likert R. The human organization: its management and values [J]. 1967.

[4] Miller K I, Monge P R. Participation, satisfaction, and productivity: A meta-analytic review [J]. Academy of management Journal, 1986, 29 (4): 727-753

[5] Mason J H B, Hyman J, Mason B. Managing Employee Involvement and Participation [M]. SAGE, 1995.

[6] Mohrman S A, Tenkasi R V, Lawler E E, et al. Total quality management: practice and outcomes in the largest US firms [J]. Employee relations, 1995, 23 (1): 360-375.

[7] Porter M E, Strategy C. Technigues for analyzing industries and competitors [J]. Competitive strategy. New York: Free, 1980, 1.

[8] Beatty J R. Total quality management and the human resources professional [J]. Perspectives in total compensation, 1992, 3 (5): 1.

[9] Deming W E. MIT Center for Advanced Engineering Study [J]. Out of the Crisis, 1986.

[10] Cappelli P, Rogovsky N. New work systems and skill requirements [J]. Int' l Lab. Rev., 1994, 133: 205

[11] Ichniowski C, Shaw K, Prennushi G. The effects of HRM practices on productivity: A study of steel finishing lines [J]. The American Economic Review, 1997, 87 (3): 291-313.

[12] Appelbaum E, Bailey T, Berg P, et al. Manufacturing advantage: Why high-

performance work systems pay off [M] . Cornell University Press, 2000.

[13] Levine D I. Participation, productivity, and the firm' s environment [J] . California Management Review, 1990, 32 (4) : 86–100.

[14] Cooke W N. Employee participation programs, group–based incentives, and company performance: A union–nonunion comparison [J] . ILR Review, 1994, 47 (4) : 594–609.

[15] Hübler O, Jirjahn U. Works councils and collective bargaining in Germany: the impact on productivity and wages [J] . Scottish Journal of Political conomy, 2003, 50 (4) : 471–491.

[16] Ramsay H, Scholarios D, Harley B. Employees and high–performance work systems: Testing inside the black box [J] . British Journal of industrial relations, 2000, 38 (4) : 501–531.

[17] Cooke W N. Employee participation programs, group–based incentives, and company performance: A union–nonunion comparison [J] . ILR Review, 1994, 47 (4) : 594–609.

[18] Roberts J, Milgrom P. Economics, organization and management [M] . Englewood Cliffs, NJ: Prentice–Hall, 1992.

[19] Zwick T. Employee resistance against innovations [J] . International journal of Manpower, 2002, 3 (1) : 134–153.

[20] Black S E, Lynch L M. How to compete: the impact of workplace practices and information technology on productivity [J] . Review of Economics and statistics, 2001, 83 (3) : 434–445.

[21] Wolf E, Zwick T. Welche Personalma nahmen entfalten eine Produktivit tswirkung [J] . Zeitschrift für Betriebswirtschaft, 2003, 73 (EH4/2003) : 43–62.

[22] Ichniowski C, Kochan T A, Levine D, et al. What works at work: Overview and assessment [J] . Industrial Relations: A Journal of Economy and Society, 1996, 35 (3) : 299–333.

[23] MacDuffie J P. Human resource bundles and manufacturing performance: Organizational logic and flexible production systems in the world auto industry [J] . ILR Review, 1995, 48 (2) : 197–221.

[24] Addison J T, Schnabel C, Wagner J. Works councils in Germany: their effects on establishment performance [J] . Oxford economic papers, 2001, 53 (4) : 659–694.

[25] Levine D I. Participation, productivity, and the firm' s environment [J] . California Management Review, 1990, 32 (4) : 86–100.

[26] Kemp N J, Wall T D, Clegg C W, et al. Autonomous work groups in a greenfield site: A comparative study [J] . Journal of Occupational psychology, 1983, 56 (4) : 271–288.

[27] Wall T D, Corbett J M, Clegg C W, et al. Advanced manufacturing technology and work design: Towards a theoretical framework [J] . Journal of Organizational Behavior, 1990, 11 (3) : 201–219.

[28] Parker S K, Wall T D, Jackson P R. "That' s not my job" : Developing flexible employee work orientations [J] . Academy of management journal, 1997, 40 (4) : 899–929.

[29] Wall T D, Kemp N J, Jackson P R, et al. Outcomes of autonomous workgroups: A long-term field experiment [J] . Academy of Management journal, 1986, 29 (2) : 280–304.

[30] Campion M A, Medsker G J, Higgs A C. implications for designing effective work groups [J] . Personnel Psychology, 1993, 46 (4) : 28.

[31] Cohen S G, Ledford Jr G E, Spreitzer G M. A predictive model of self-managing work team effectiveness [J] . Human relations, 1996, 49 (5) : 643–676.

[32] Jin P. Work motivation and productivity in voluntarily formed work teams: A field study in China [J] . Organizational Behavior and Human Decision Processes, 1993, 54 (1) : 133–155.

[33] Cordery J L, Mueller W S, Smith L M. Attitudinal and behavioral effects of autonomous group working: A longitudinal field study [J] . Academy of management journal, 1991, 34 (2) : 464–476.

[34] Meier R B. The impact of the structural organization of public welfare offices on the psychosocial work and the treatment environments [J] . Journal of Social Service Research, 1983, 7 (2) : 1–18.

[35] Van Mierlo H, Rutte C, Seinen B, et al. Autonomous team work, individual task characteristics and psychological well-being. A Pilot-study [J] . Gedrag en Gezondheid, 2000, 28 (3) : 159–171.

［36］Coch L，French Jr J R P. Overcoming resistance to change［J］. Human relations，1948，1（4）：512–532.

［37］Hackman J R. The psychology of self–management in organizations［M］. American Psychological Association，1986.

［38］Mikkelsen A，Gundersen M. The effect of a participatory organizational intervention on work environment，job stress，and subjective health complaints［J］. International Journal of Stress Management，2003，10（2）：91.

［39］Miller K I，Monge P R. Participation，satisfaction，and productivity：A meta–analytic review［J］. Academy of management Journal，1986，29（4）：727–753.

［40］Coye R W，Belohlav J A. An exploratory analysis of employee participation［J］. Group & Organization Management，1995，20（1）：4–17.

［41］Sashkin M. Participative management is an ethical imperative［J］. Organizational dynamics，1984，12（4）：5–22.

［42］Latham G P，Winters D C，Locke E A. Cognitive and motivational effects of participation：A mediator study［J］. Journal of organizational behavior，1994，15（1）：49–63.

［43］Latham G P，Erez M，Locke E A. Resolving scientific disputes by the joint design of crucial experiments by the antagonists：Application to the Erez–Latham dispute regarding participation in goal setting［J］. Journal of Applied Psychology，1988，73（4）：753.

［44］Sagie A. Participative decision making and performance：A moderator analysis［J］. The Journal of Applied Behavioral Science，1994，30（2）：227–246.

［45］Sagie A，Aycan Z. A cross–cultural analysis of participative decision–making in organizations［J］. Human relations，2003，56（4）：453–473.

［46］Cabrera E F，Ortega J，Cabrera. An exploration of the factors that influence employee participation in Europe［J］. Journal of world business，2003，38（1）：43–54.

［47］Lam S S K，Chen X P，Schaubroeck J. Participative decision making and employee performance in different cultures：The moderating effects of allocentrism/idiocentrism and efficacy［J］. Academy of management Journal，2002，45（5）：905–914.

［48］Lockwood N R. Workplace diversity：Leveraging the power of difference for competitive advantage. Society for Human Resource Management Research Quqrterly［J］. 2005.

[49] Cropanzano R, Mitchell M S. Social exchange theory: An interdisciplinary review [J] . Journal of management, 2005, 31 (6) : 874–900.

[50] Idris A M. Cultural barriers to improved organizational performance in Saudi Arabia [J] . SAM Advanced Management Journal, 2007, 72 (2) : 36.

[51] Pritchard K. Employee engagement in the UK: meeting the challenge in the public sector [J] . Development and Learning in Organizations: An International Journal, 2008, 22 (6) : 15–17.

[52] Cooke W N. Employee participation programs, group–based incentives, and company performance: A union–nonunion comparison [J] . ILR Review, 1994, 47 (4) : 594–609.

[53] Sultana A, Irum S, Ahmed K, et al. Impact of training on employee performance: A study of telecommunication sector in Pakistan [J] . Interdisciplinary Journal of contemporary research in business, 2012, 4 (6) : 646–661.

[54] Benton A A, Gelber E R, Kelley H H, et al. Reactions to various degrees of deceit in a mixed–motive relationship [J] . Journal of Personality and Social Psychology, 1969, 12 (2) : 170.

[55] Nawaz M S, Hassan M, Hassan S, et al. Impact of employee training and empowerment on employee creativity through employee engagement: Empirical evidence from the manufacturing sector of Pakistan[J]. Middle–east journal of scientific research, 2014, 19(4): 593–601.

[56] Elnaga A, Imran A. The effect of training on employee performance [J] . European journal of Business and Management, 2013, 5 (4) : 137–147.

[57] Hameed A, Waheed A. Employee development and its affect on employee performance a conceptual framework [J] . International journal of business and social science, 2011, 2 (13) .

[58] Wang S. Literature review of corporate social responsibility [J] . Chinese strategic decision–making on CSR, 2015: 7–28.

[59] Aguilera R V, Rupp D E, Williams C A, et al. Putting the S back in corporate social responsibility: A multilevel theory of social change in organizations [J] . Academy of management review, 2007, 32 (3) : 836–863.

[60] Gond J P, Igalens J, Swaen V, et al. The human resources contribution to responsible leadership: An exploration of the CSR-HR interface [M] //Responsible leadership. Springer, Dordrecht, 2011: 115-132.

[61] Turker D. Measuring corporate social responsibility: A scale development study [J]. Journal of business ethics, 2009, 85 (4): 411-427.

[62] Fairbank J F, Williams S D. Motivating creativity and enhancing innovation through employee suggestion system technology [J]. Creativity and innovation management, 2001, 10 (2): 68-74.

[63] Alavi M, Leidner D E. Knowledge management and knowledge management systems: Conceptual foundations and research issues [J]. MIS quarterly, 2001: 107-136.

[64] Wenger E C, Snyder W M. Communities of practice: The organizational frontier [J]. Harvard business review, 2000, 78 (1): 139-146.

[65] Brown J S, Duguid P. Balancing act: How to capture knowledge without killing it [J]. Harvard business review, 2000, 78 (3): 73-80.

[66] Carayon P. Effects of electronic performance monitoring on job design and worker stress: Results of two studies [J]. International Journal of Human-Computer Interaction, 1994, 6 (2): 177-190.

[67] Lyon D. The search for surveillance theories [M] //Theorizing surveillance, Willan, 2006: 3-20.

第六章

个体视角下的员工参与企业品牌危机应对

一、概述

过去组织研究的主要是对工作绩效的影响因素的研究。但近年来，组织研究的重点开始转向任务绩效之外的员工参与行为。这一转变的出现并非偶然。据美国 1971 年出版的《工业工程手册》介绍，当时有 83% 的美国公司和工厂应用泰勒开创的科学管理的基本方法，可以说 20 世纪 70 年代以前的美国企业的主流管理思想是科学管理，强调劳动分工，员工要“严格遵守官方职责的规则、纪律和制约”。因此，员工的工作职责是一个相对较为狭窄的、明确界定的范围。在这种背景下，组织研究的对象多锁定在员工正式工作职责的完成情况上。

但是 20 世纪 70 年代以后，日新月异的科技进步将企业置于一个快速变化的环境之中，全球化的进程更增加了环境中的不确定因素，在此背景下的企业组织从组织结构到管理思想都经历了巨大的变化。科学管理的刻板阻碍企业对快速变化的环境作出及时准确的反应，为了适应环境，许多公司放弃与科学管理相适应的金字塔式结构，逐步转向更加适应信息时代的扁平化的“网络型”组织结构。跨功能团队（cross-functional team）是实现扁平化的一个有效途径，团队将是企业中的主要组织形式，这已成为西方企业界的共识。

在竞争激烈不确定的环境下，在不同以往的扁平化组织中，员工的职责变得宽泛起来，金字塔式的科层组织的运作围绕着命令和执行，扁平化的组织却强调员工的主动性和自发性，这时他们拥有了更大的随意空间。员工的自发参与行为在企业组织中成为一个重要的变量。于是近些年来越来越多的组织研究围绕着员工参与行为展开，不仅仅局限于企业维度对员工参与行为的影响，而是从个体视角对此展开了讨论。

通过整理相关材料。本书将从员工性别、工作满意度、工作报酬、劳动关系氛围、员工与组织契合度、工作环境、组织承诺、组织公平感、情绪方面对员工参与危机应对展开阐述。

二、员工个体因素对员工参与品牌危机应对影响研究

（一）性别

性别因素是研究很多现象的关键人口统计学因素，也是企业管理实践中不可回避的现实问题。本书认为，性别对于员工参与的影响可能存在正反两方面的效应。

从消极的方面看，即使在 21 世纪的今天，仍然存在着许多性别不平等的现象制约着女性的职业发展。例如：女性平均薪酬水平低于男性，女性决策者的决策水平与男性决策者并没有显著差异的情况下，在关键决策岗位上的女性人数低于男性。因为处于关键决策岗位的人员数量较少，女性参与者参与管理决策水平远低于男性。

从积极的方面看，女性具备的能力与性格特质会促进员工参与管理实践水平的进一步提高。根据 Cuadrado et al.（2015）[1]的研究，与男性相比，女性管理者擅长参与性和民主的管理风格。创造参与性环境是变革型领导的典型。女性领导者往往更加重视联系、协作和讨论，表现出的变革型领导行为

明显多于男性领导者，而交易型领导行为明显少于男性领导者。此外，女性管理者以参与的方式进行领导，并鼓励他人参与决策。女性领导者更多地被认为是一个家长式的人物，能够创造并保护员工之间的信任和合作。此外，女性管理者被认为更具有包容性，鼓励员工表达他们的想法。因此，我们可以得出结论，女性可以显著促进员工参与企业经营与管理实践。

基于上述梳理，本书认为，性别对员工参与管理实践具有一定的影响。在危机应对中，性别对于员工参与的影响更多地集中于参与水平层面，而非参与者数量差异。女性在促进员工参与管理实践方面具有一定的优势。例如在企业发生危机后，女性员工往往更加敏锐地察觉到顾客的消极反应，第一时间将情况反映给上级。在采取道歉或者服务补救措施时，由于女性天生具有的亲和性，往往取得的效果要优于男性员工。因此，女性对于员工参与危机应对的水平要显著高于男性。

（二）工作满意度

对于工作满意度对员工工作表现的影响，理论界与实践界观点存在一定的差异。在组织研究中，员工工作满意感与工作业绩的关系是研究的特点，Vroom（1964）[2]提出工作满意感和工作业绩之间的相关性较低，被众多研究者认同。但是这一结论与管理者的经验有较大出入，感到满意的员工会工作得更好，这似乎是顺理成章的事。有些管理者提出，他们如果能够充分照顾到员工的满意感，公司的业绩确实会得到显著的提升（Moorman，1993）[3]。

管理实践者与学术研究者在这个问题上的分歧引发了进一步的研究。Organ（1977）[4]提出工作满意感与绩效之间不存在相关性，可能是由于这些研究测量的绩效具有片面性。这些研究测量的都是与工作成果紧密相关的任务绩效，但工作满意感同与之相关的绩效不属于此类。他和同事提出要拓展传统的工作绩效的概念，使其不仅仅包括工作职责完成的情况，还要包括Katz（1978）[5]提出的“自发的创新的行为”，也就是后来发展出来的组织公民行为，他们认为工作满意度与组织公民行为的相关性与角色内绩效的相关比更加紧密。后来 Bateman & Organ（1983）[6] 等的实证研究都支持了工作满意感与组织公民行为或亲社会行为的显著相关。Moorman（1993）将满意感中的认知因素和情感因素做了区分，发现工作满意感中的认知因素能够更多地解释组织公民行为的变异。

从一定程度上讲，组织公民行为与员工参与行为具有一定的共通之处，都强调了员工在企业经营行为中发挥的重要作用。当危机发生后，具有较高满意度的员工更容易参与到企业恢复声誉的行为中来，通过各种手段为企业获得消费者宽恕提供支持。因此，本书认为，员工满意度正向影响员工参与危机应对行为。

（三）报酬

1. 报酬的定义

关于报酬，学者们从不同的角度给予了不同的定义。霍曼斯将“报酬”定义为“刺激所具有的能满足有机体需求的能力”，认为报酬不仅仅是金钱，还有赞同、尊重、依从、爱、情感以及其他紧缺物品（宋林飞，1997）[7]。与这种物质性和非物质性报酬划分不同，布劳将社会交换中的报酬分为内在报酬、外在报酬（利益）及混合型报酬。“利益（物质的与理念的），而不是理念，直接控制着人的行动。但是，‘理念’创造的‘世界观’常常以扳道工的身份规定着轨道，在这些轨道上，利益的动力驱动着行动”（韦伯，2003）[8]。显然，激发人们互动的所谓“利益”不单单指物质的、金钱的经济利益，同时也包含观念的、精神的理念利益。

员工对工作本身的欲求可概括为“良好工作条件（goodworking conditions）”。如果把员工的劳动力看作是生产中的商品，那么以其换取高工资收入，换取应对疾病、年老、失业等的经济保障自然就成为目标，而欲求和同事们建立令人愉悦的社会关系也是极为重要的（Schneider，1969）[9]。

基于此，本书将员工参与行动欲求的报酬界定为那些满足其物质性需要和社会性需要的各种激励。物质性报酬主要指员工期望通过交换行动而得到的工资等经济收入以及由此而衍生出的福利性经济保障等；社会性报酬是员工在员工—组织关系中获得的精神性奖励因素。报酬获得与员工参与之间的因果模型如下图所示。

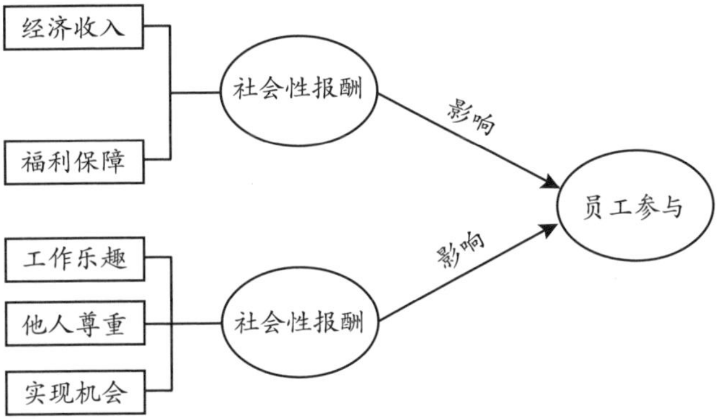

2. 社会交换视角下报酬对员工行为的影响

报酬是员工通过工作获取到的最直接价值，也是员工工作积极性提升的最直接动力。已有研究多从社会交换的视角就报酬对员工参与行为展开探讨。

社会交换指的是人们被期望从别人那里得到的并且一般来说确实也从别人那里得到了的回报所激励的自愿行动，是人们的一种经由他人或社会引起的目标行动，是视目标报酬实现与否而发生或中断的行动。组织作为一种社会学现象，除非有员工的积极参与行动，否则就不可能存在。如果把研究视角从组织转换为员工个体，可以发现，员工展开社会行动可依据三种机制来实现：

一是顺从他人的权力，即强制。例如基于血缘或私人关系的家族或公社，家长或长者依靠传统赋予自己权力以合法性，从而使具有特定内容的命令为群体成员所遵守。

二是表达性行动，由终极价值或理想激发而产生。如在中国以物质匮乏为特征的计划经济时代，共产主义理想激励着工人阶级无私奉献在各自的岗位之上。

三是社会交换行动。一个员工之所以与组织内外的其他人展开互动、结成社会关系，是因为他期待并确实从中获得了各种各样的报酬；如果他人不再作出报答性反应，换句话说如果个人未能获得预期的酬赏，则个人的组织行动就会弱化以致停止。社会交换的视角能够反应市场经济条件下的生产关系现状。

员工持续与组织中的他人展开互动的关键在于确保他们在行动过程中能获得所需的各种报酬，包括物质性报酬以及社交、地位、身份认同、满足感等无形奖赏。按照西蒙的组织均衡理论的前提假设，“每个参与者，只有当他得到的回报等于或大于组织要求他作出的贡献时，才会继续参与该组织”。组织回报的酬赏必须达到足够高的水平，以使参与者们在团体中的受益高于所承担的义务。现代组织某种意义上属于一种自愿群体，例如，雇员在组织中的最初成员身份的获得虽然是强制的，但从参与者能够自主放弃其组织成员身份考虑，组织可以理解为一个自愿群体。工作通过使人们发挥创造性和发展决策能力，从而为个人的自我发展提供机会。当组织结构安排促成的参与行动有助于参与者满足物质性和社会性等多方面的需要，且对这些报酬有了长期性的未来预期，员工们积极地参与组织活动就成了一种必然结果。所以，组织团结或凝聚力的形成是取决于组织结构赋予成员们的丰厚回报的，大多数情况下，组织提供的这种回报就转化为成员对组织的主动贡献。

3. 报酬与员工参与危机应对意愿

根据上述研究，本书认为，基于社会交换理论，从企业获得足够物质性报酬和社会性报酬的员工往往会具有较强的交换动机，更易作出参与行为。当企业发生危机事件后，员工在日常工作中获得的经济收入和福利保障等物质性报酬、工作乐趣、他人尊重、实现机会的社会性报酬会共同作用于员工的危机参与意愿，激励着员工作出更多的参与行为。

（四）感知劳动关系氛围

1. 劳动关系氛围的定义

（1）以“工会化”为线索发展脉络

劳动关系氛围的概念涉及员工、企业和工会三大主体，并重点关注这三者之间的互动。Blyton 等（1987）[10] 认为劳动关系氛围反映了员工对企业工会—管理层关系的行为和实践的感知，并将劳动关系氛围定义成劳资双方发生冲突或争议的劳资相处状况。提出劳动关系氛围是管理者和工会之间关系的趋向。而且是员工对管理者与工会关系状况与质量的评价。在该视角下，劳动者处于弱势地位，研究基于“问题导向”而不是“以人为本”，主要关注工作场所内劳动关系消极的一面，如集体谈判、罢工等劳资对立或冲突事件。

（2）以“去工会化”为线索的概念内涵转向

20 世纪 80 年代以来，主张雇主和雇员利益一元化的人力资源管理理论逐渐兴起，西方国家工会的地位和组织效率出现下降，非工会化维权组织和无工会的工作组织数量不断增加。在这种“去工会化”的社会背景下，企业劳动关系的内涵发生变化，开始偏向管理者与劳动者两大主体。Cooke 等（1998）[11] 指出，劳资关系氛围本质由劳动者与资本的力量对比决定，并受到管理者、劳动者、各自所属的集体组织、政府相互关系的影响。Lee（2004）[12] 对劳动关系氛围的界定更侧重劳动关系中积极的一面，将其定义为个体感知到自身与管理层合作与利益共享的程度。Kersley 等（2005）[13] 认为劳动关系氛围是员工感知的组织气候特征，主要指组织内管理者、工会和劳动者之间集体相互作用的工作规范、态度与行为。

（3）对中国情境下劳动关系氛围内涵的认识

我国学者胡婷（2006）[14] 认为，劳资关系氛围的内涵和表现形式在不同的社会形态中有差异。胡恩华（2012）[15] 认为中国有区别于西方国家的特定工会制度，我国工会在劳动关系对话中力量较弱。鉴于此，陈万思等（2013）[16]认为在中国情境下劳动关系的界定应该立足于企业—员工关系的角色，是员工对组织中劳资双方实践和行为的感知程度

大多数学者认为劳动关系氛围是个体层面概念。有学者认为劳动关系是一种能够主观感知到的客观存在，不同个体或者群体会形成不同的劳动关系氛围评价指数。

基于此，本书认为劳动关系氛围实质反映了员工对于工作场所内工会、管理层和员工三方在企业运行过程中所产生的态度和行为主观上的认知，是员工根据自身状况对工作场所内的劳动关系实质的主观评价。

2. 劳动关系氛围与员工参与危机应对行为

已有的研究将劳动关系氛围划分为劳资双赢氛围、员工参与氛围和劳资对立氛围。三种氛围可能会对员工参与产生不同的影响。

（1）劳资双赢氛围与员工参与行为

劳资双赢氛围反映的是劳资双方具有一致的目标和组织认同感，对员工的积极行为有重要的正向影响作用。由于中国社会强调“和”文化，员工更容易被和谐劳动关系氛围激发出组织公民行为。当员工感知到信任与合作的劳动关系氛围时，员工的组织承诺、内外合作满意度会有所提升，沉默行为明显下降，而员工的工作参与行为和主动性行为会被正向预测。劳资双赢氛围是积极劳动关系氛围的一个维度，能够有效激发员工的主动性行为，具体来说主要原因如下：

基于社会认知理论，首先当企业以支持和尊重的方式对待员工，员工更可能认同其工作角色，以组织工作为荣，认为工作成果对组织的存续有重大意义，能够得到组织的重视和投资，增加了实施主动性行为的心理安全感。其次，组织的支持能够帮助员工主动性行为的完成，因为主动性行为除需要个体智力等，也需要来自组织的资金、人员等资源，例如主动性行为中的创

新行为，可能需要企业人员和资金的投入，组织的支持证明组织是支持员工去实施主动性行为，容忍员工试错，会降低员工实施主动性行为的不确定性。最后，劳资双赢氛围意味着良好的人际关系氛围，即同事之间和谐与互信。在劳资双赢氛围中，个体与同事之间的互动能够帮助其寻求信息和他人的帮助，以获得组织行为规范、他人的理解与支持等。

基于拓展构建理论认为情感能够通过影响个体的注意力、判断力、认知等现象来影响绩效（Fredrickson，2004）[17]，其中正向情感可以增强思维的灵活性，更容易识别环境中可以改变的机会，产生创新的想法（Derryberry & Tucker，1994）[18]。在劳资双赢的氛围中，员工积极的情绪思维更加灵活，洞察力和创造力显著提高，这有利于个体识别工作环境中可以改善或者避免风险的地方，为主动性行为的产生奠定基础。此外，积极情绪让实施主动性行为的个体更有信心，能够支撑员工克服在实施主动性行为过程中遇到的困难，提高获得预期成功结果的可能性（Kaplan，2009）[19]。

因此，本书认为，劳资共赢氛围为员工参与危机应对行为提供了环境基础，能够通过帮助员工获得较高水平的组织认同感与积极情绪，帮助员工获得对企业的高度认同。在危机发生后，具有高度组织认同的员工会作出参与危机应对的积极行为。

（2）员工参与氛围与员工参与

员工参与氛围反映员工参与组织管理决策的程度，意味着员工在组织发展中有一定的话语权，可以通过合法渠道自由地表达意见。在参与过程中，个体更容易接受组织目标，激发内在工作动机，进而促进主动性行为。

社会认知理论认为行为结果能够调节个体行为。一方面，组织为员工提供参与决策的机会，是向他们传递了一种鼓励，即员工的主动性行为，如建言、创新，无论是促进的还是抑制的，无论是有效的还是无用的，都会得到组织的承认与尊重。这不仅增强了个体的自我效能感和控制评价，而且使他们感知到“我能够对工作结果产生积极影响”。另一方面，对员工主动性行为有利的组织情境，大大降低了领导同事对主动性行为错误归因的风险，员工主动性行为更容易产生。

社会环境为人们提供了社会线索来解释周围事物及对态度和行为的影响。Zalesny 和 Ford（1990）[20]列举了工作环境中存在的各种可能社会信息源，如工作中的行为体验、同事之间的人际交互，以及他人对工作角色的看法。员工参与决策的过程可以视为获取信息的过程，一方面在参与决策的过程中，组织将组织信息分享给员工，包括组织面临的问题、未来的战略组织运营成本等，由此员工能更好地理解组织的管理目标和管理方法，增加员工对组织及组织目标的认可，真正做到站在企业整体的角度上看待问题。另一方面参与决策的过程也是分享和学习的过程，即使员工有不成熟的主动性行为想法也能在沟通中吸取别人的经验，完善自己的思路，增加主动性行为带来积极效果的概率。

因此，我们认为员工参与氛围能够增加员工参与的主动性。员工更可能在危机的情境下挺身而出。特别是当企业遭遇危机后，如员工认为危机并非归因于企业内部，更可能会受到员工参与氛围的影响，积极参与到企业的声誉恢复与顾客补偿的行动当中，帮助企业顺利渡过危机。

（3）劳资对立氛围与员工参与行为

劳资对立氛围是指劳资双方不合作，工作场所内的劳动争议得不到有效解决甚至长期充满矛盾的一种劳动关系状态。在此氛围中，企业和员工的立场对立，双方各自争取利益的最大化，员工不仅不会实施有高风险的主动性行为，甚至还会引起反生产行为。

一方面，当员工感知到自己与企业之间有明显的利益对立，企业不能妥善处理员工申诉时，员工会感知到企业不重视员工的权益进而容易产生明显的剥削感。这种认知会降低员工对组织目标的认同和对组织的归属感，认为自己没有必要为企业实施有风险的主动性行为，甚至会产生冲突与离职等消极行为：另一方面，当处于劳资对立关系中，员工会预期到个体自身及工作价值不被企业重视，对环境进行改变的主动性行为可能被误认为权威的挑衅.对组织的不满意表达(尤其是抑制性建言)。因此员工即使发现组织的问题、有利于组织提高效率的方法也会倾向于保留。

根据社会认知理论个体会观察他人的行为及结果，进而对此行为形成特定的认知。当别人的主动性行为没有得到奖励甚至不被理解或排斥，个体会认为员工的主动行为不被组织所认可，进而放弃主动性行为。另外员工也会观察其他个体与企业之间的矛盾，劳资对立氛围会加深个体对企业不注重员工利益、不看重员工额外产出的认知，从而降低自身实施主动性行为的可能。

基于拓展构建理论的解释，如果员工处于与企业对立的氛围，会将更多注意力放在解决矛盾上，工作时更多的是以负面情感为主。这时员工思维活跃度和创造性会明显下降，负面情感会消耗较多的认知资源（如注意力和意志、提前预测或计划能力）、心理资源（实施主动性行为的自我效能感）、社会资源（人际交往、信息交换等）。而主动性行为是一种长期导向的行为，包含识别机会、评估选择、实施计划、完成改善的过程，需要耗费大量的心理资源、认知资源，更需要坚持不懈地努力（Bind & Parker，2011）[21]，因此，负向情感引起个体资源的消耗，使员工不容易识别机会并且容易使员工遇到阻碍后过早放弃实施主动性行为。

因此，本书认为，劳资对立氛围负向影响员工参与行为。如果员工与企业长期处于对立关系，当企业遭遇危机后，本已处于企业对立面的员工并不会对企业产生共情行为，相反可能会采取曝光、透露等手段“落井下石”，这无疑对企业顺利渡过危机是非常不利的。

3. 劳动关系与员工参与危机应对行为

本书认为，劳资共赢氛围和员工参与氛围正向影响员工参与行为，劳资对立氛围负向影响员工参与行为。当危机发生后，具有较高水平劳资共赢和员工参与氛围的企业更可能拥有更高水平的员工参与危机应对；而劳资氛围对立的企业，员工往往对于企业存在不满和敌意，员工参与危机应对的水平比较低，甚至可能产生对企业的破坏行为。

（五）员工与组织契合度

1. 员工与组织契合的定义

个人与组织契合（person-organization fit）最早来自个人与环境的契合，该理论的核心认为个体的行为表现在受到自身特性或者来自外在环境的影响之外，还会受到自身特性和环境交互作用产生的影响。最初，Lewin 在 1951 年提出了个人—环境契合的概念，他着重提出了个人自身特性和环境产生的交互作用，这种交互作用能很完美地解释个体态度和行为的差异。个人与职业的契合主要侧重于个人特征和其所处的职业环境之间的匹配程度。个人与工作的契合重点在于个人和组织在工作环境、利益需求上的匹配，个人与组织要互相满足对方的需求，主要可以分为需求—供给契合和要求—能力契合两种契合。

对于个人与组织契合的研究，有三种比较典型的主张。第一种是一致性契合和互补性契合的观点（Muchinsky et al，1987）[22]。这种观点认为，每个人都有自己的特性，每个组织也都有自己的“特性”，在此基础上，一致性契合是指个人和组织特征的相似性，比如在工作目标、组织价值观上，互补性契合是指个体和组织之间因为差异而产生的一些互补，个体能够提供组织发展欠缺的部分因素，组织也能为个体提供更有利和完善的发展条件，从而满足组织与其进行资源互补上的需求。

第二种观点的代表理念是需求—供给契合和要求—能力契合（Caplan，1987）[23]。这种观点的精髓在于个人和组织都需要互相满足对方的需求。需求—供给契合是指个人需求应与组织供给相平衡，只有当组织愿意并且有能力满足个人的需求时会有契合。要求—能力契合是从组织的角度出发，它要求只有当个体能够提供组织发展所需的资源，也就是个体为组织提供的能力与组织对其的要求相一致时，才会有契合的出现。

第三种代表观点主要是 Schneider（1995）[24]提出的吸引—选择—摩擦（ASA）模型。这个模型它的精髓在于强调员工和组织目标、价值观的一致性，该模型是一个动态的过程。具体来说，员工将评价组织的文化、价值观是否与他们自身的特点相符，相对而言，和他们的价值观相近的组织更可以吸引到他们加入组织后，与组织之间不断的进行社会化，最终逐步地形成与组织更相近的目标及价值观，并产生对应的行为。我国学者王重鸣是这一模型的坚定支持者，在 ASA 模型的基础上提出了吸引—选择—发展（ASD）模型，主要是考虑到中国大文化背景下，使得个人与组织之间有较高的匹配度，在价值观上的相似除外，还需要给员工发展的机会和成长的空间。

1996 年，Kristof[25]在整合了先前研究的基础上提出了一个三维度的模型，该模型将互补性契合、一致性契合、要求能力契合和需求供给契合这四种观点进行了整理汇总。当个人和组织的目标、价值观、文化和其他的一些基本特性相近时，即为一致性契合。互补性契合在自身基础上整合出需求—供给契合及要求—能力契合两方面，这两个契合主要是个人需求和组织供给及组织要求和个人能力之间的契合程度。如果组织可以提供个人发展所需求的资源、成长过程中的机会、职业未来发展的广阔空间，从个人需求的角度出发，就是发生了需求—供给契合；如果人们能够提供的能力和贡献能够满足组织的发展，从组织角度来讲，就是发生了要求—能力契合。绝大多数学者非常推崇这个模型。

2. 员工与组织契合与员工参与危机应对

价值观契合对员工的态度和行为的影响存在两种机制：一个是价值观契合可以使人用相同的认知视角和方法来分析问题，以减少不确定性；二是价值观契合能够使人准确地预测到对方的行为，带来更明确的角色期望。价值观契合不但能表明组织可以满足个人价值观并使之得到实现，并能通过信任和结果的可预测性，良好的人际关系，有效的沟通会改善到员工的工作态度。

之前也有相关学者研究验证了个人与组织价值观契合可以有效地改善员工行为，提高员工满意度。Miller（1992）[26]认为，尽管现实企业在组织结构设置上作出了改变，企业也鼓励员工多参与到企业的各项实践活动中，虽然员工参与人数有了很大的改善，但真正有兴趣参加或者是发自内心自愿参与的少之又少，这也在很大程度上影响到了员工参与的效果。

Hammuda（1997）[27]认为跟传统的组织结构相比，在扁平化的组织中，权利更加分化，信息更加流通，因此可以保证员工参与的有效性。Bowen（2004）[28]认为组织气氛和员工参与是息息相关的，和睦友好的组织气氛有利于企业员工共享权力、信息、劳务和知识，也更容易调动员工参与的积极性，因此营造一个支持、民主型的组织气氛对员工参与具有重要意义，员工参与度与组织规模呈现正相关，组织规模越大，员工参与决策的主动性、积极性就越高。健康且积极向上的组织文化有利于创造一种和睦友好的组织氛围，从而使员工愿意与组织开展有效的沟通和交流，提升员工对组织的信任感；而不健康的组织文化，则使员工无法与组织开展有效的沟通和交流，产生不信任感和工作疏离感，最终影响参与的效果。

国内学者在这方面重点研究了组织价值观对员工参与的影响。蒋健等（2007）[29]的研究表明，在信息时代，企业员工可以利用互联网的手段达到建立和影响企业价值观的目的。还有学者指出，企业权力结构除了影响着最基本最直接的企业战略目标、员工激励、顾客管理和劳资关系管理，还间接影响着企业文化。受到企业权力结构影响下的企业文化，会对企业员工参与的方式和途径都有很重要的影响。企业权力结构、企业文化和员工参与，这三者之间形成了一种链接式的影响关系。

本书认为，当员工感受到与组织的高度契合时，往往能够具有较高水平的满意度和心理所有权，对企业文化、价值观产生认同与支持。当企业发生危机后，出于对企业维护的动机，员工会采取措施改善企业在消费者心目中的形象，参与到危机应对的进程当中。

（六）工作环境

1. 工作环境的定义

工作环境既包括物质层面的工作场所、办公条件等硬件环境，也包括同事关系等软件维度的环境。任何员工都不能脱离工作环境，环境构成了员工认知与行为中重要的刺激因素。

2. 工作环境与员工参与危机应对

随着对员工敬业度的研究和理解的增加，工作环境在导致员工敬业度的因素方面起到了关键的作用。不恰当的角色结构会导致角色模糊、角色冲突和角色过载，这反过来又会影响员工的参与度和身体以及心理健康（Margolis等，1974）[30]。Epstein 和 Silvern（1990）[31]发现，清晰的工作描述可以减少角色的模糊性，并导致个人成就感的增加。Demerouti et al.（2000）[32]发现过度的工作要求与健康损害和职业倦怠中的情绪衰竭部分有明显的关系，而缺乏工作资源，如奖励不足和不能参与决策是脱离工作的预测因素。

同事在倦怠的发展中起着重要的作用，那些在高度参与的团队中工作的人报告了更高的工作吸收水平（Bakker et al，2006）[33]。如果工作角色是模糊的、不可预测的和有威胁的，他们很可能会脱离工作（May et al，2004）[34]。员工之间的信任和支持性的人际关系会导致心理安全（Kahn，1990）[35]。人际信任可以有认知或情感的基础。其他人的可靠性和可依赖性与基于认知的信任有关，而个人之间的情感关系则影响着情感信任。员工与主管的关系直接影响到他/她在工作环境中的安全感。有人认为，当管理者采用支持和服务周围人的角色时，环境会变得“高度参与”。还有一些人认为，为了有效地创造一个高度参与的环境，管理者必须自己参与其中。研究表明，员工的参与度往往是基于他们与经理和主管的关系等因素。员工的参与取决于提供授权，工作应该符合员工的兴趣（MacDonald，2002）[36]。

基于上述论述，本书认为，良好的工作环境能够正向影响员工参与危机应对行为。具体而言，企业要为员工营造一个良好的工作硬件环境，帮助员工在工作中感受到舒适与惬意；也要为员工塑造一个良好的企业内部氛围，帮助员工在组织中获得应有的归属感。在危机发生后，处于良好工作环境中的员工能产生更高水平的参与危机应对行为。

（七）组织承诺

组织承诺指个体认同（identity）并卷入（tuckin）一个组织的强度，它反映了员工在不能获得直接回报的情况下对组织提供帮助的意愿。提出的组织承诺模型都认为，组织承诺是一种可以使人为了组织牺牲个人利益的工作态度。因此，它被学者们假设为员工参与行为的一个预测变量。很多研究都支持了这一假设，发现组织承诺与员工参与之间存在显著相关。

本书认为，组织承诺都是员工参与危机应对行为的预测变量。但是，也有学者对上述结论提出过一定的质疑，认为组织承诺并不能直接作用于员工参与行为，需要通过员工满意度为中介来产生作用。组织承诺对员工参与的作用是正向且显著的，满意度属于其中的内部机制。当危机发生后，具有较高组织承诺水平的员工往往出于对组织的认同，愿意向组织提供帮助，采取措施帮助组织走出困境，获得消费者的原谅。

（八）组织公平感

1. 组织公平感的定义

组织公平感探讨的是员工对组织资源分配与各种奖励措施使是否公平的主观认知，可以分为分配公平（distributive justice）、程序公平（procedural justice）两个方面。对结果或资源配置的公平感受，即分配公平；对用来决定结果和资源分配的过程的公正感受，即程序公平（李晔，2003）[37]。分配公平研究的是员工对分配结果的认知，程序公平研究的是员工对制定分配决策的过程的认知，即着重研究对过程的认知。前者考察的是员工对结果是否满意，后者考察员工对系统是否满意。

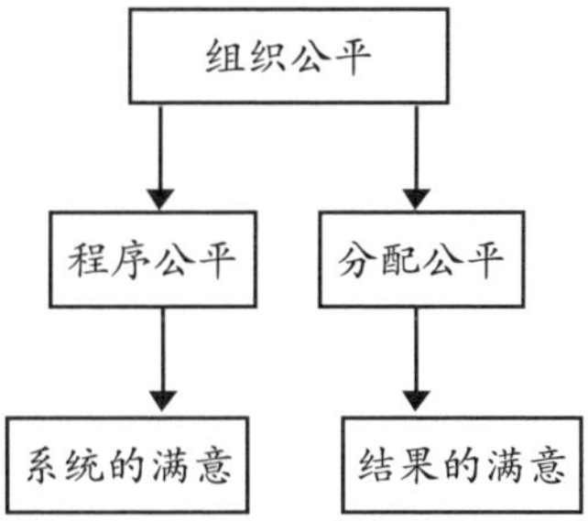

Adams（1965）[38]是分配公平的研究创始者，他提出的公平感主要是指报酬数量分配的公平性，比较偏重分配的结果，因此被称为分配公平。他认为，人们判断分配公平与否不仅仅要看收入的绝对值，更重要的是与参照对象比较的相对值的大小，当与员工感觉所得薪酬低于工作投入时会产生不公平感，继而产生六种可能的反应：（1）改变自己的投入（比如不努力）；（2）改变自己的所得（如建议采用其他的报酬方式）；（3）扭曲自己的认知（“现在我才知道我比其他同事更加努力工作”）；（4）扭曲他人的认知（如“他的工作做得不够好”）；（5）改变参考对象（如“比上不足，比下有余”）；（6）改变目前的工作（如申请调动）。

分配公平的焦点是结果分配，对分配过程尤其是薪资方案管理、争议处理遵循方式等的解释不足，因此有研究者提出应该更关心公平分配的过程而不是分配结果（Greenberg，1990）[39]，这样又出现了程序公平的研究。1980年 Leventhal 把法律中程序公平的概念引入到组织研究之中，提出程序公平的6条准则：（1）一致性规则，即分配对的人员或在不同的时间应该保持一致性；（2）避免偏见规则，即在分配过程中应该摒弃个人的私立和偏见：（3）准确性规则，即决策应该依据正确的信息；（4）可正性，即决策应该有可修正的机会；（5）代表性原则，即分配程序必须符合一般能够接受的道德与伦理标准；（6）道德和伦理规则，即分配程序必须符合能够被广泛接受的道德和伦理标准。此后，Bies & Moag（1987）[40]开始关注程序执行时人际互动方式对公平感的影响，将之称为互动公平，后来学者把它归为程序公平（Bies，1987）。

本书认为，程序公平包括两个部分：（1）正规程序（formal procedure），即 Leventhal（1980）[41]的六个标准；（2）互动公平（interactional justice），指在决策过程中员工感觉到自己的需要被考虑的程度，以及上级对员工解释有关决策的程度。Kim & Mauborgne（1993）[42]研究了 19 家公司，结果显示：程序公平与员工的态度行为之间存在显著相关。相信公司的程序是公平的员工，通常也表现出对公司的高度信任与奉献精神，而愿意主动合作。很多研究表明，只要员工感到决策的过程是公平的，即使结果对自己不利，也会接受。

2. 组织公平与员工参与危机应对

Organ（1977）认为工作满意感的认知因素与组织公民行为有紧密联系，而工作满意感的认知因素在很大程度上反映了公平感的内容，如果同时测量工作满意感和组织公平感，后者可能解释更多地组织公民行为的变异。已有一些实证研究支持了公平感与某些组织公民行为存在相关，如 Scholl et al.（1987）[43]发现工作公平感和报酬公平感与角色外行为有显著相关。另外，也有很多研究表明研究发现公平感与两维度的组织公民行为之间存在显著相关。

Moorman（1993）为了验证公平感在组织公民行为态度预测变量中的相对重要性，同时测量工作满意感和组织公平感，发现程序公平与组织公民行为之间存在显著相关，但分配公平与组织公民行为的所有维度都不存在显著的相关。分配公平能够预测的是人们对比较具体的某一个决策结果的态度，而不是对整个组织的泛化的评价，但是组织公民行为的产生更依赖于员工对组织的系统、机构、权威层的普遍的积极评价，所以相比之下，程序公平更能够解释员工的参与管理。

本书认为，程序公平和分配公平对员工参与的影响是显著的。在具有高度组织公平感的条件下，员工更加倾向于对于企业产生较高水平的满意度。在危机发生后，对企业满意的员工更可能会参与到危机应对的进程中，采取实际行动维护企业的形象，帮助企业重新获得消费者的信任。

（九）情绪

情绪是员工工作体验中重要的组成部分。每个员工都希望能够以饱满的情绪去迎接工作，但事实上很多员工会受到日常工作的影响，产生消极情绪。积极情绪是员工创造良好工作绩效的基础条件之一，但消极情绪往往在员工的低绩效中起决定性作用。我们认为，消极情绪对于员工参与行为的负向影响是显著的。

消极情绪是个体产生的负面感受，如悲伤、愤怒、紧张、痛苦等。研究表明，员工在工作中的消极情绪不仅能够对任务绩效会产生负面影响（Chi et al，2015）[44]，从而导致不利的绩效成果，而且员工在工作中的情绪会影响其工作态度和想法，进而将此影响带入员工的行为决策中，所以消极情绪能对员工在工作中的行为产生重要影响，角色外行为也不例外。心境一致理论（Mood-congruency Theory）可以从认知评价的角度来解释为什么员工在经历了不同的情绪后会倾向于产生不同的行为。

心境一致理论是指个体偏向于记住与心境相一致的信息，也就是说，积极和消极的心境会分别使得个体相对应地偏向于记住积极和消极的信息。因此，当员工经历消极情绪时，在思维上容易对负面信息产生更多的关注，从而影响其心理状态和行为决策。

员工参与行为是指没有被正常的报酬体系所明确和直接规定的、员工自觉的个体行为，例如采取行动维护组织形象，帮助新员工在组织内获得归属感。研究表明，员工参与行为作为一种角色外行为，一种自愿行为，会受到情绪的影响（Rothbard et al，2011）[45]。心境一致性理论认为个体偏向于获取与自己心情相一致的信息，并表现出相应的行为。因此，员工参与行为水平可能会受到坏心情的影响，因为当员工存在坏心情的时候，会以消极的方式评价和认识工作事件和工作环境，从而导致员工形成对组织和同事的负面评价。如果这种负面评价进入员工的行为决策当中，就会降低员工自愿帮助组织和同事的积极性。另外，Trougakos et al.（2015）[46]认为当消极情绪不符合工作要求时员工就必须掩饰自己的消极情绪，这种掩饰使其留下情感疲惫的时候，员工也不太可能参与员工参与行为。与之相反，研究证明员工的积极情绪与更多的亲社会行为相联系（Saepung et al，2011）[47]。

因此，本书认为，员工的消极情绪可能会对其参与危机应对行为产生负向影响。当危机发生后，对于负面情绪的掩饰会消耗员工的工作热情；处于负面情绪状态的员工会受到外界压力，其负面情绪可能会有所加重，产生更多逃避工作的现象，减少参与危机应对行为。此外，危机往往也会给员工带来负面情绪，如果一味任由负面情绪蔓延，对企业带来的后果可能是致命性的。

三、典型案例示例

“老坛酸菜事件”：为什么员工的话更令人信服?

2022 年 3 月 15 日，中央广播电视总台 3·15 晚会曝光插旗菜业、锦瑞食品、君山区雅园酱菜等 5 家企业生产不符合安全标准的“老坛酸菜”。这些企业制作酸菜时利用土坑腌制，有的企业工人甚至穿着拖鞋，或者光着脚，在酸菜上踩来踩去，有的甚至一边抽烟一边干活，抽完的烟头直接扔到酸菜上。

这些加工厂从农户手中收购酸菜，有一些会经过正规的流程进行清洗再腌制、再加工。但很多小作坊甚至一些规模企业为了节约成本，从农户收购来的酸菜并没有进行统一清洗以及加工，收购来的酸菜随意乱扔在地板上，然后直接经过人工加工放到包装袋里包装成产品。

统一集团于 3 月 15 日当天在长沙市市场监督管理局的现场排查下，对采用的酸菜包原料及相关留档记录进行了彻底检查。

此外，统一发布声明表示，湖南插旗公司自 2012 年 12 月开始，已不再是该公司酸菜包原料的供应商；同时，统一已第一时间约谈了湖南锦瑞公司负责人，对相关酸菜包产品全部进行了封存，并在市场监管局的参与下一起进行质量检测。

湖南锦瑞公司的相关行为严重违反了统一公司对于供应商的规范要求和经营准则，统一立即终止湖南锦瑞公司的供应商资质，并对其中可能存在的管理问题进行调查，将采取严厉的整改措施，并督促其公开处理结果。但是，统一的官方回复并没有得到消费者的广泛认可，广大网友纷纷喊话："让汪峰来吃一碗老坛酸菜面。"

当地农民称，腌制过程中，一般都是穿雨鞋踩，因为光脚并不舒服。但是其实光脚和穿鞋踩在酸菜上并不影响卫生，因为会撒上大量的盐杀菌，并且会将酸菜反复清洗干净。还有一些工人称电视上曝光的是腌制部分，实际上进入市场前必须清洁十几回。几名在工厂上班的工人称，他们在厂里穿着白色制服，车间地上是无灰的，卫生有保障，产品出口很多国家，很多客户包括外商都实地考察过。记者曝光的腌菜池子只是厂里外租的场地，已经租出去了，抽烟者并不是厂里的员工，是外面租户的人，厂里不允许一边工作一边抽烟。

截至 3 月 30 日收盘，康师傅股价跌至 12.7 港元 / 股，市值仅余 715.24 亿港元。酸菜事件当天，康师傅直接蒸发的净市值约 106 亿港元，折合成人民币达到了86亿元，以2块钱一袋的方便面价格来计算的话，康师傅此次的损失约46亿袋方便面。

根据观察，目前“老坛酸菜”风波逐渐减弱，大部分超市已将老坛酸菜牛肉面重新上架。但是，这个事件给我们带来的启示却是深刻的……

资料来源：作者整理

参考文献

[1] Cuadrado I，García-Ael C，Molero F. Gender-typing of leadership：Evaluations of real and ideal managers [J] . Scandinavian Journal of Psychology，2015，56（2）：236-244.

[2] Vroom V H. Work and motivation [J] . 1964. 10：723

[3] Moorman R H. The influence of cognitive and affective based job satisfaction measures on the relationship between satisfaction and organizational citizenship behavior [J] . Human relations，1993，46（6）：759-776.

[4] Organ D W. A reappraisal and reinterpretation of the satisfaction-causes-performance hypothesis [J] . Academy of management Review，1977，2（1）：46-53.

[5] Katz D. Social psychology of organizations [M] . 1978.

[6] Bateman T S，Organ D W. Job satisfaction and the good soldier：The relationship between affect and employee “citizenship” [J]. Academy of management Journal，1983，26(4)：587-595.

[7] 宋林飞 . 西方社会学理论 [M] . 南京：南京大学出版社，1997.

[8] 韦伯，马克斯 . 儒教与道教 [M] . 北京：商务印书馆，2003.

[9] Schnedier E. Industrial Sociology，the Social Relations of Industry and the Community [M] . McGraw-Hill，1969.

[10] Blyton P，Dastmalchian A，Adamson R. Developing the concept of industrial relations climate [J] . Journal of industrial relations，1987，29（2）：207-216.

[11] Cooke W N，Noble D S. Industrial relations systems and US foreign direct investment abroad [J] . British Journal of Industrial Relations，1998，36（4）：581-609.

[12] Lee J. Company and union commitment：Evidence from an adversarial industrial relations climate at a Korean auto plant [J] . The International Journal of Human Resource

Management，2004，15（8）：1463-1480.

[13] Kersley B，Alpin C，Forth J，et al. First Findings from the 2004 Workplace Employment Relations Survey [J]. London：Department of Trade and Industry，2005，110.

[14] 胡婷. 和谐劳动关系与民营企业发展分析 [D]. 暨南大学，2006.

[15] 胡恩华，单红梅，鲍静静. 企业承诺和工会承诺对组织公民行为的影响：双组织承诺的中介作用 [J]. 预测，2012，31（5）：40-46.

[16] 陈万思，丁珏，余彦儒. 参与式管理对和谐劳资关系氛围的影响：组织公平感的中介作用与代际调节效应 [J]. 南开管理评论，2013，16（6）：47-58.

[17] Fredrickson B L. The broaden-and-build theory of positive emotions [J]. Philosophical transactions of the royal society of London. Series B：Biological Sciences，2004，359（1449）：1367-1377.

[18] Derryberry D，Tucker D M. Motivating the focus of attention [J]. 1994.

[19] Kaplan R S. Conceptual foundations of the balanced scorecard [J]. Handbooks of management accounting research，2009，3：1253-1269.

[20] Zalesny M D，Ford J K. Extending the social information processing perspective：New links to attitudes，behaviors，and perceptions [J]. Organizational behavior and human decision processes，1990，47（2）：205-246.

[21] Bindl U K，Parker S K. Proactive work behavior：Forward-thinking and change-oriented action in organizations [M] //APA handbook of industrial and organizational psychology，Vol 2：Selecting and developing members for the organization. American Psychological Association，2011：567-598.

[22] Muchinsky P M，Monahan C J. What is person-environment congruence Supplementary versus complementary models of fit [J]. Journal of vocational behavior，1987，31（3）：268-277.

[23] Caplan R D. Person-environment fit theory and organizations：Commensurate dimensions，time perspectives，and mechanisms [J]. Journal of Vocational behavior，1987，31（3）：248-267.

[24] Schneider B，Goldstiein H W，Smith D B. The ASA framework：An update [J]. Personnel psychology，1995，48（4）：747-773.

[25] Kristof A L. Person-organization fit：An integrative review of its

conceptualizations, measurement, and implications [J]. Personnel psychology, 1996, 49(1): 1-49.

[26] Miller R W, Prichard F N. Factors associated with workers' inclination to participate in an employee involvement program [J]. Group & Organization Management, 1992, 17(4): 414-430.

[27] Hammuda I, Dulaimi M F. The theory and application of empowerment in construction: a comparative study of the different approaches to empowerment in construction, service and manufacturing industries [J]. International Journal of Project Management, 1997, 15(5): 289-296.

[28] Bowen D E, Ostroff C. Understanding HRM-firm performance linkages: The role of the "strength" of the HRM system [J]. Academy of management review, 2004, 29(2): 203-221. Sopow E. The impact of culture and climate on change programs [J]. Strategic Communication Management, 2006, 10(6): 14.

[29] 蒋健，杨坚争，侯瑞梅. 网络时代员工参与企业文化建设研究 [J]. 商场现代化, 2007(17): 327-327.

[30] Margolis B L, Kroes W H, Quinn R P. Job stress: An unlisted occupational hazard [J]. Journal of occupational medicine, 1974, 16(10): 659-661.

[31] Epstein S R, Silvern L E. Staff burnout in shelters for battered women: A challenge for the' 90s [J]. Response to the Victimization of Women and Children, 1990, 13(1): 9-12.

[32] Demerouti E, Bakker A B, Nachreiner F, et al. A model of burnout and life satisfaction amongst nurses [J]. Journal of advanced nursing, 2000, 32(2): 454-464.

[33] Bakker A B, Emmerik H, Euwema M C. Crossover of burnout and engagement in work teams [J]. Work and occupations, 2006, 33(4): 464-489.

[34] May D R, Gilson R L, Harter L M. The psychological conditions of meaningfulness, safety and availability and the engagement of the human spirit at work [J]. Journal of occupational and organizational psychology, 2004, 77(1): 11-37.

[35] Kahn W A. Psychological conditions of personal engagement and disengagement at work [J]. Academy of management journal, 1990, 33(4): 692-724.

[36] MacDonald M. How companies can find renewed focus during uncertain times [J]. Journal of Communication Management, 2002, 6(3): 220-226.

[37]李晔，龙立荣，刘亚．组织公正感研究进展[J]．心理科学进展，2003，11(001)：78-84.

[38] Adams J S. Inequity in social exchange [M] //Advances in experimental social psychology. Academic Press，1965，2：267-299.

[39] Greenberg J. Organizational justice：Yesterday，today，and tomorrow [J]. Journal of management，1990，16（2）：399-432.

[40] Bies R J. The predicament of injustice：The management of moral outrage [J]. Research in organizational behavior JAI press，1987.

[41] Leventhal G S. What should be done with equity theory [M] //Social exchange. Springer，Boston，MA，1980：27-55.

[42] Kim W C，Mauborgne R A. Procedural justice，attitudes，and subsidiary top management compliance with multinationals' corporate strategic decisions [J]. Academy of management journal，1993，36（3）：502-526.

[43] Scholl R W，Cooper E A，McKenna J F. Referent selection in determining equity perceptions：Differential effects on behavioral and attitudinal outcomes [J]. Personnel psychology，1987，40（1）：113-124.

[44] Chi N W，Chang H T，Huang H L. Can personality traits and daily positive mood buffer the harmful effects of daily negative mood on task performance and service sabotage A self-control perspective[J]. Organizational Behavior and Human Decision Processes，2015，131：1-15.

[45] Rothbard N P，Wilk S L. Waking up on the right or wrong side of the bed：Start-of-workday mood，work events，employee affect，and performance [J]. Academy of Management Journal，2011，54（5）：959-980.

[46] Trougakos J P，Beal D J，Cheng B H，et al. Too drained to help：a resource depletion perspective on daily interpersonal citizenship behaviors [J]. Journal of Applied Psychology，2015，100（1）：227.

[47] Saepung W，Sukirno，Siengthai S. The Relationship between Job Satisfaction andOrganizational Citizenship Behavior（OCB）in the Retail Industry in Indonesia [J]. World Review of Business Research，2011，1（3）：162-178.

第三篇

DI SAN PIAN

员工参与企业危机应对的后果及机制

在风云多变的商场中，各行各业都面临着潜在的危机风险，并需要建立随时应对突发情况的能力和策略储备。诸多企业的危机应对经验显示，当发生危机时，员工在危机应对中的积极行为，例如积极进行服务补救或主动对消费者进行解释与道歉等，会给企业带来意想不到的效果。可以说，员工参与危机应对对于消费者宽恕的影响机制研究，对于企业制定危机应对方案、解决危机困难、化解危机障碍，保证企业正常运转具有重大意义。

由此，我们有必要针对员工参与企业危机应对的后果，即对消费者宽恕的影响及其机制进行深入探讨。以往研究表明，不同的危机类型以及员工不同的参与方式等都会对消费者宽恕产生影响。尤其在媒体多元化的背景下，企业应该如何突破现有的危机思维，创新内部外沟通机制和完善沟通路径，采取哪些新举措维护和提升与利益相关者的关系？本篇章聚焦员工服务补救和员工参与道歉等员工在企业危机情境下的积极行为，对消费者宽恕的影响及其机制进行深入探讨。

第七章
员工服务补救

一、员工服务补救的概念

在经济高速发展的背景下，消费者对产品质量要求不断提升，质量监督意识不断增强，使得服务失误现象越来越普遍。在服务失误出现后，如何进行服务补救，将直接影响到消费者的满意度和后续行为。而企业员工作为顾客和企业之间的连接桥梁，对二者之间关系的凝聚起着非常重要的作用。因而，对员工参与服务补救问题的研究日益引起学者们的重视。员工为顾客提供的各种服务是服务补救成功的重要前提。之前的研究表明提供服务人员的重要性，尤其是一线员工对提供的服务质量有很大影响（Hartline 和 Ferrell，1996）[1]，甚至对员工参与对服务失败后的补救工作也有影响（Maxham et al，2002）[2]。一线员工对顾客的关心和关注会促使客户满意度的产生（Gorry 和 Westbrook，2011；Tax et al，1998）[3-4]。因为员工与消费者直接接触，所以员工的服务补救行为直接影响消费者的宽恕意愿。

从服务补救的定义来看，Bell and Zemke（1987）提出服务补救应该是综合运用一系列手段和方式来满足顾客期望的过程[5]。Gronroos（1988）将服务补救界定为服务供应商在服务失败后为降低消费者消极情绪、减少消费者不满和解决消费者投诉采取的应对措施[6]。在此基础上，Hart（1990）指出服务补救指的是在消费者对企业产生抱怨时，企业采取及时的行动以维持消费者对企业的忠诚度[7]。Johnston 和 Hewa（1997）认为服务补救是在服务失败发生时企业为降低和修复顾客的伤害或损失而采取的一系列措施[8]。Wirtz 和 Mattila（2004）提出，服务补救是在服务失败发生后，服务者为了最大限度地挽回顾客、恢复顾客对企业的信任而采取的一系列行动[9]。毛广雄和郑艳民（2011）研究表明，服务补救不是一成不变的，是能不断改进和完善的动态机制，是一种可持续运作的系统机制[10]。服务补救是服务提供者解决顾客抱怨的反应性行为，也是预防服务失误再发生的预应性行为（代旭静，2014）[11]。

从服务补救的分类来看，目前学者们对于服务补救的研究最早集中在传统的服务业上，此后扩展到线上购物、危机企业等情境中。但总的来说，员工服务补救的定义可以划分为两大类型，一种是应对性服务补救，指的是企业在接到顾客投诉后，针对顾客的投诉，采取相应的对策，以化解顾客的消极情绪；另一种是全面的防御性服务补救，指的是企业在日常生产中，通过不断的完善与改进控制体系，对服务进行调整与修正，从根本上避免服务失误的发生，具有前瞻性和及时性。Smith（1998）将服务补救进一步划分为积极的服务补救和消极的服务补救，前者指的是服务失误发生后，企业在顾客还未投诉前就采取补救措施来主动应对，后者指的是企业在顾客产生投诉后才采取补救措施[12]。陈忠卫和董晓波（2005）[13]则从狭义和广义两个视角来重新理解服务补救概念，他们认为狭义上的服务补救过程是将关注重点放在某一个具体的失误事件上，即商家根据某次具体的服务失误情况采取针对性的补救措施；广义上的服务补救过程是将关注重点放在组织内所有与事件相关的个体上，即在提供服务的过程中，预计会出现的失误或已经发生的失误中的涉事个体。在这种服务补救理念中，商家对消费者提供服务补救一方面是解决消费者遇到的实际问题并维系与消费者的信任关系，另一方面是为了完善商家自身的服务体系。随后，部分学者针对服务补救的外延进行了扩充，提出可以将服务补救看作是一个动态系统，把服务补救的功能从单一的补偿错误扩展到维护客户关系、完善服务体系等方面。如 Tax 和 Brown（1998）[14]将服务补救视为一种系统的管理，包括对服务失误的确认，对造成失误的原因进行分析，用科学的方法对失误进行量化的分析并确定失误的程度，最终确定最优的补救措施。

本文主要探讨企业在危机事件发生后，消费者接受涉事企业服务补救策略后的心理与行为变化，是一种应对性服务补救。因而，本文结合上述学者的观点，将员工服务补救定义为在发生危机事件后，企业员工为降低消费者负面情绪，获得消费者宽恕所采取服务补救的各种措施。

二、员工服务补救对消费者宽恕的影响机制

（一）员工服务行为的影响作用

在心理学及社会心理学领域中，有研究表明，人们总是通过友善（Warmth）和能力（Competence）两个维度来对目标对象的行为目的进行综合考量（Ivens et al，2015）[15]。友善（Warmth）作为对感知对象行为意图的衡量指标，表征他人的友好、善良、真诚、宽容、助人等，能力（Competence）是评价感知对象实现这种意图的可能性指标，表征他人的技能、智力、效率和创造性等。Jones 等（2001）[16]指出，言语行为和非言语行为都会使个体对感知对象的热情和能力作出评价和推断。同样，在服务补救互动过程中，顾客会对员工的言语行为和非言语行为等社会信息线索进行加工、处理与反应，形成对员工热情和能力的评价与感知，进而产生相应的行为意愿。首先，就言语行为而言，员工的言语行为有传递信息、解释说明、介绍产品、解决问题等作用。在互动过程中，顾客会根据员工的言语行为来了解服务进展，减少不确定性，

并对服务体验及服务有效性进行评价，同时顾客也会通过员工的言语行为来感知其热情和能力（Marinova et al，2018；Singh et al，2018）[17，18]。员工恰当的言语行为可以让顾客对与之互动的员工作出友好、和善等热情方面的判断，也可以激发顾客对员工说服力等能力方面的感知。顾客通过员工的言语行为才会真实感受到员工的友善态度、沟通诚意和服务能力等。其次，顾客会通过非言语行为来对员工的行为进行判断和感知（Kang et al，2012）[19]。恰当的非言语行为能够传递出热情和亲密感知（Jones et al，2001）[20]，增加顾客对员工能力和专业水平的感知（Lim et al，2017）[21]，而不恰当的非言语行为则会给顾客带来厌恶、冷漠等负面感知（Jones et al，2001）[22]。顾客对员工的热情和能力的感知和评价影响顾客对服务质量的感知及对服务消费经历的整体评价（Lim et al，2017；Sundaram et al，2000）[23，24]，同时也影响着顾客对品牌的态度和购买意向等（Ivens et al，2015）[25]。Babin 等（2013）研究发现，恰当的眼神交流、微笑、点头等体态语言影响顾客对员工的印象感知，进而影响顾客对服务质量的评价[26]。Marinova 等（2018）通过实证研究证明了员工在服务过程中表现的能力水平越高，顾客感知的服务质量就越高，对服务就更加满意[27]。同样，在服务失误发生后，顾客对员工热情和能力的感知会对顾客的服务补救合作意愿产生重要的影响。因此基于社会信息加工理论，员工表现出的言语行为和非言语行为信息会影响顾客对员工热情和能力的认知判断，而这种认知判断会进一步影响顾客在服务补救互动过程中的态度和行为意愿。

对于员工不同类型的行为，顾客感知员工的热情和能力存在一些差异。一方面，员工的非言语行为可能影响顾客对员工热情的评价和推断。员工恰当的非言语行为，如和颜悦色、眉开眼笑、轻柔和缓的肢体动作，节奏恰当的和谐声音等与友好、真诚、和善等热情特质相关（Singh et al，2018）[28]。已有研究表明，无论是员工的言语行为还是非言语行为，都会使顾客感知到员工的热情（Jones et al，2001）[29]，特别是员工的非言语行为（Marinova et al，2018；Singh et al，2018）[30, 31]。另一方面，言语行为更多地与能力的推断相关（Singh et al，2018）[32]。能力通常意味着员工能够快速、高效、恰当地处理和解决各种问题，而员工的信息沟通、方案解释等言语行为更多地体现出员工的能力，因此言语行为对顾客感知员工能力的影响可能更大。

（二）服务失败类型的影响

服务失误是指企业所生产的产品或服务未能满足顾客需求或者未能达到顾客所期望的水准（Bitner，1990；Parasuraman et al，1991）[33, 34]。研究者们把服务失误分为过程失误和结果失误两种类型（Hoffman et al，1995；Keaveney，1995；Smith et al，1999）[35-37]。其中，过程失误是指服务企业在服务传递过程中存在某些缺陷或不足，如员工服务漫不经心，态度粗鲁等；结果失误是指企业无法提供核心产品、服务，或者无法满足顾客的基本服务需求，如顾客点的特色菜已卖完，预订的房间无法入住等（Smith et al，1999）[38]。参考上述研究，本文把服务失误类型分为结果失误和过程失误。不同的服务失误发生后，顾客的损失是不同的，顾客的核心诉求和关注点也是不同的。在过程失误发生后，顾客的人际需求、社交需求及情感需求遭到损失（Smith et al，1999；方淑杰等，2019）[39, 40]，这时一线员工应该更加关注顾客的社交和情感需求，通过合适的行为来缓解顾客的不满情绪，传递情感关怀及满足社交需求等。

在企业发生危机时，当发生道德缺失主导危机，即企业的社会行为、道德问题等引发的企业危机，不直接涉及产品属性和功能本身。功能补救策略和情感补救策略的消费者宽恕无显著差异。功能危机爆发后，涉事企业可以采取产品召回、退换、加强监管等应对策略来弥补消费者受到的伤害，此时消费者的信任感会被逐渐唤醒（孙乃娟和郭国庆，2019）[41]。产品缺陷主导危机发生表明企业的产品本身存在问题或者缺陷，此时企业立刻采取经济赔偿等功能补救策略，在表示悔改诚意、承担责任等方面的作用要优于情感补救策略，能更好地唤醒消费者宽恕。而道德缺失主导危机发生表明企业的产品没有问题，但社会或道德方面出现问题，此时企业应对的重点应该放在如何避免消费者对企业也产生负面认知。而情感补救策略和功能补救策略都能让消费者感知到企业的诚意，避免对企业也产生负面影响，获得消费者宽恕。

（三）员工情绪智力的影响

情商即情绪智商也称为情绪智力（emotional intelligence）。Mayer 和 Salovey（1993）认为情绪智力包括监控自我、他人感觉和情绪的能力，并且能识别这些情绪，利用这些信息指导自己的思想和行为[42]。在组织中，员工情绪智力反映了其感知自己和他人的情绪，并利用信息指导自己思考和行为的能力。情绪智力可以作为压力环境中行为选择的调节器，一个人情绪智力的高低影响他对压力的感知程度，进而影响压力所导致的行为反应，从而进一步影响决策选择。高情绪智力的人倾向于对压力予以适应性、建设性的反应。面对强关系网络，高情绪智力的员工会通过对关系网络认知的重新评价来增强其积极效应。就服务提供者的工作成功或工作绩效而言，服务恢复可能是重要的行为因素。已有研究证明情商与工作或工作成功之间的积极关系，即情商与个人工作绩效呈正相关。

Carmeli（2003）[43]和 Oginska-Bulik（2005）[44]发现服务提供商的情绪智力会影响员工与客户之间的互动。根据这些研究的结果，有学者检验了员工情绪智力与补救服务之间的关系。换句话说，在服务补救性能方面，具有高水平情绪智力的服务提供商胜过那些具有低水平情绪智力的服务提供商。Jung-Hyun Lee（2013）[45]等以航空业为背景，研究了内部人员的情绪智力对内部服务补救效果的影响，研究结果表明，高情绪智力的内部工作人员，在服务补救中往往表现得更为出色，并且他们对组织有更高的忠诚度，更利于内部服务补救的实施。

（四）情绪感染效应的作用机制

情绪是一种具有组织性，深刻内涵，并且持续变化的心理状态。人们可以通过捕捉他人的情绪来感知周边人的情感变化，这一交互过程被称为情绪感染（王潇等，2010）[46]。研究表明，消费者的个体情绪会通过情绪感染效应影响其他消费者的行为变化，进而对消费者的群体情绪产生影响（杜建刚和范秀成，2007）[47]。基于此消费者情绪感染理论逻辑，在企业危机情境下，若消费者个体因员工参与行为产生消费者个体宽恕行为时，消费者个体宽恕行为也可能通过其积极情绪影响其所在群体中的群际宽恕行为（张奇勇等，2016）[48]。更进一步地，消费者个体宽恕行为通过影响消费者群际宽恕行为进而对企业积极行为产生正向响应，如消费者可能会提升对涉事企业品牌形象的关注度。还有研究表明，当消费者群际宽恕意愿提高后，他们会自发地渐渐宽恕企业的过错，回避报复意图减弱，重购意愿增强，改观对企业品牌形象的负面评价（张正林和庄贵军，2010）[49]。

（五）补救策略的影响

1. 补救策略的分类

（1）情感补救策略和功能补救策略。企业爆发危机事件后，相对于情感补救策略，功能补救策略对消费者宽恕的正向影响更强。鲍吟诗和朱建荣（2021）将服务补救理念与顾客重构意愿相联系，认为在服务失误发生后，有形补偿、解释道歉对消费者重构意愿具有显著的正向影响[50]。黄珍和常紫萍（2020）从消费者的心理视角出发，研究得出物质补偿和道歉对消费者宽恕有显著的正向影响[51]。此外，胥兴安等（2022）研究表明，功能补救策略对消费者的行为产生最直接和最有效的影响。在发生危机事件后，消费者不仅在经济利益方面受损，而且精神和心理上也会遭受一定的伤害[52]。因此，企业在采取应对策略时，应着重从经济损失和精神损失两个方面来对消费者进行弥补。具体而言，企业选择情感补救策略侧重于通过真诚的认错态度、道歉等向消费者和社会公众表达歉意和同情，能使消费者感知到涉事企业真诚的认错态度，进而使消费者产生宽恕的倾向。而企业选择功能补救策略侧重于通过向消费者作出经济补偿及采取纠正措施等向消费者和社会公众表达企业对消费者的重视和承诺，体现出更为明显的补救动机和意识，充分地展示涉事企业的悔改诚意，更易使消费者产生宽恕的倾向。

（2）物质补救策略和精神补救策略。在这个服务型社会中，消费者对服务提出了更高的要求，但是由于服务自身的特性导致服务失误频繁发生，因此如何通过服务补救来挽回消费者一直是企业关注的重点。然而有研究者指出服务补救不一定能带来消费者的正向反馈，即便企业在服务失误后提供了十分出色的补救措施，消费者仍然有可能留有一些负面情绪。Magnini（2007）等学者指出企业在进行服务补救时应将求得消费者宽恕作为根本目的，当消费者宽恕被唤起时，他们才会有跟企业重建关系的倾向，从而产生出保留的意愿[53]。孙乃娟（2017）在总结国外消费者宽恕研究中指出，服务补救以及服务补救质量是对消费者宽恕具有显著的正向影响，且在其后续的研究中发现，在企业危机后，功能型补救措施和经济型补救措施都对消费者宽恕产生了正向影响[54]。Ryan Fehr 和 Michele J.Gelfand（2010）研究发现当服务补救与消费者自我建构类型相匹配时，能够产生显著的消费者宽恕[55]。这些研究大都是以传统行业为背景，对于网络购物服务失误来说，网络商家的做法也基本类似，通常都会采用物质补救和精神补救两种方式来进行补救。物质补救能够在短时间内弥补消费者的经济损失，让消费者体会到商家真诚的认错态度，从而释放了利益受损带来的负面情绪并唤起情感认同，刺激消费者产生宽恕意愿。精神补救能引导消费者对负面情绪进行宣泄，同时耐心地解释也有利于唤起消费者的移情，使消费者增强宽容和仁慈的动机，从而修复受损关系。我国学者谭炼（2013）在研究网络服务补救质量对消费者忠诚的研究中发现，网购服务补救质量的各维度均对消费者宽恕具有显著正向影响[56]。

2. 补救策略的影响

根据“情感—认知”双系统加工理论可知，人们对信息的加工既可以通过情绪系统加工，也可以通过认知系统加工（Baba and Alexander，1999）[57]。而消费者宽恕是一个复杂的过程，其形成通常包含情感反应与认知反应两条路径，即情感共情和责任预期。从情感共情这一路径而言，消费者能够理解涉事企业的处境，产生情绪共情是宽恕的关键因素。从责任预期这一路径而言，消费者预期企业未来不再犯错并承担责任，会导致消费者原谅、接受甚至重新信任企业。

（1）服务补救策略对情感的影响。企业爆发危机事件后，就情感补救策略对情感共情的影响而言，Rachal 等（1998）研究表明道歉信息中不仅包含道歉内容、情绪表达等言语信息，还包含鞠躬、悲伤等非言语信息，这些信息都会唤醒消费者的情感共情[58]。郭晓姝等（2021）认为在心理上的补救措施中，道歉是最基本的一种策略，消费者在接受道歉后能满足自己在情感等方面的需求，提升消费者满意度[59]。就功能补救策略对情感共情的影响而言，冯蛟等（2016）研究表明经济赔偿和纠正措施能在最大程度上从精神和物质两个方面对受害消费者作出补偿[60]。根据 S-O-R 理论可知，在发生危机事件后，企业采取服务补救策略是一种外部刺激，会影响消费者内心的情感反应和认知反应，其中情感反应指能影响个人行为的感觉状态，且外部刺激不同会导致个体情感反应的差异。具体而言，企业选择道歉等情感补救策略后，虽然也能展示涉事企业的悔改诚意，让消费者感知到企业未来会承担责任，但力度较弱。而功能补救策略中经济赔偿等措施会让消费者更好地感知到涉事企业的悔改诚意，使消费者产生更多的情感共情，唤醒消费者积极的情绪和态度。

（2）服务补救策略对责任预期的影响。Choi（2009）企业在爆发危机或出现服务失误时，应向消费者真诚地道歉，改变消费者对危机严重性的认知程度，使消费者形成对企业未来会承担责任的预期[61]。冉雅璇等（2017）认为，功能补救策略通常包括经济赔偿、产品召回等，这些信息会使得消费者形成对企业的责任预期[62]。而责任预期作为一种认知反应指的是消费者对涉事企业未来会承担责任的预测。在危机事件发生后，企业不论是采取情感补救策略还是功能补救策略都会使消费者感知到企业未来会承担责任，不再犯错等。而功能补救策略中会体现出企业更明显的补救动机和责任意识，体现出涉事企业更强的责任感，消费者感知到涉事企业未来承担责任和履行承诺的可能性更高。

综上所述，情感和责任预期对消费者宽恕有正向影响。何美贤（2018）基于消费者感知道歉真诚性视角，认为道歉是消费者宽恕的关键因素，且不同的道歉方式、程度对消费者宽恕的影响不同[63]。陈斯允等（2020）认为消费者宽恕具有不同的形成路径，并验证了情感共情与感知责任的中介作用[64]。因此，当危机事件发生后，企业不论是采取情感补救策略还是功能补救策略，都会在不同程度上激起消费者的情感共情和责任预期，进而通过这两条路径来影响消费者宽恕。

（六）服务响应速度与主动性的影响

1. 服务响应速度。服务失败的事情时常发生，通过服务补救来挽留消费者一直是各商家的难题。一般来说，消费者在经历服务失败事件后都希望恢复情绪平衡，因而他们在本质上是存在原谅和宽恕意愿的，此时商家应顺势而为，采取一定补救措施，而物质补救被认为是一种十分有效的服务补救方式，也是所有服务补救策略中最常见的。孙乃娟和孙育新（2017）研究发现企业产品危机后，给予经济补偿能带来更高的消费者宽恕[65]。在经历服务失败后，消费者最直接的损失就是经济利益受损，消费者更愿意进行类似的经济资源交换来弥补损失，因此可以推断有形的补偿更能带来消费者的宽恕和原谅。响应速度是指服务失败后，服务提供者对产生的不良后果处理是否及时、是否快速、是否能很好地把握顾客容忍阈值，这对任何商家来说都至关重要。Fletcher 和 Hart（1990）发现企业能够快速响应对服务补救来说十分关键，消费个体的容忍阈值是不同的，对服务补救的时间都有自己的权衡，因此反应速度过慢以及过长的补救时间都会加重顾客抱怨和顾客的负面情绪[66]。在爆发产品危机后，企业及时且有效补救策略可以唤起消费者情感转换，溢出更多积极情感进而促使消费者移情，而移情可以使消费者主动地减少规避和报复等负面想法，增加宽容原谅等正面动机。在企业发生产品危机后及时、快速的服务补救能对消费者宽恕产生积极影响，因此响应速度对消费者宽恕具有正向影响。

2. 主动性。当人际交往产生障碍时，道歉便是相互交流与沟通的渠道。心理学上认为道歉是治愈受伤者和产生宽恕最有效的方法之一，而在服务补救过程中道歉被认为是能够带来消费者宽恕的最有力的措施。商家经历任何服务危机后，道歉通常都被认为是进行补救的第一步，这在消费者看来，企业能自觉主动承担起相关责任，并对自己的失误感到由衷遗憾，此时因为服务失败而感到受伤的顾客能体会到企业的真诚，对企业的服务质量产生移情，因此可以说道歉能够弱化服务失误的影响。有研究发现，如果遇到服务失败的状况，仅有 5%~10% 的消费者会进行抱怨，剩余的消费者则选择自己承受，但是遭遇服务失败的消费者内心不免会产生不满、抱怨与迟疑，并且在心理上对服务提供者产生抗拒，严重者可能会发生一些行为上的改变。因而积极、主动对商家来说至关重要，补救主动性代表的是商家愿意进行服务补救的程度。不管是否进行抱怨，提供服务的商家主动地进行补救，能让消费者看到自己补救的态度和决心。因此主动性对消费者宽恕具有正向影响。

三、典型案例示例

恒丰纸业危机应对[67]

牡丹江恒丰纸业股份有限公司是国家烟草总公司确定的卷烟辅料生产基地，国内首家通过科技部和中国科学院认定的造纸行业重点高新技术企业。公司于2001年在上海证券交易所上市，2005年成立由恒丰纸业控股的湖北恒丰纸业股份有限责任公司，实现了企业地域多元化的发展格局。恒丰纸业拥有60余年历史底蕴和特种纸研发制造技术，为坚持质量型发展，恒丰推进“四位一体”理念，即标准、质量、品牌、信誉。

2010年8月2日，销售部外销员王羽接到一个电话，电话那边传来急促的声音，问道：“是恒丰纸业销售部吗？我是GZ卷烟厂供应部部长李磊，生产车间反映，从你们那里购进的卷烟纸有问题，有一盘纸用到一半，卷出来的烟明显变黑，怎么会出现这种问题！这是我们第一次从你们厂进货，就出现了质量问题，以后还怎么合作啊？”王羽听后，赶紧跟对方说：“李部长你先别着急，我马上向上级领导反映，什么情况我马上跟您联系。”挂断电话，王羽急匆匆地跑到片区经理赵双的办公室，把事情向他做了汇报，同在赵经理办公室的财务部小朱对赵经理说：“直接给他们一些钱赶紧解决算了，咱们公司现在投入很多资金在研发和开拓市场上面，没有能力和精力顾及这些事，有这时间，可以开拓更多客户，也能把这块损失给弥补上！”赵经理又抬头看了一下大汗淋漓的王羽，问道：“小王，你看这事儿怎么解决好？”王羽稍微考虑了一下，说道：“我感觉这事儿比较严重！GZ卷烟厂是我们进入广东市场的首站，如果这件事没有妥善处理，将会引起GZ卷烟厂的不满，失去一个战略伙伴，进而影响整个广东市场，而区域市场的失败和产品质量的波动也将会影响我们在国内卷烟厂的声誉以及公司营销战略的成败。”赵经理听罢，决定先发一封传真给 GZ 卷烟厂李部长，对此事表示诚挚的歉意，并表明公司会立刻就此展开调查，作出令其满意的处理；同时，赵经理整理了王羽和小朱的两种方案，向恒丰纸业主管生产销售的副总经理潘长利进行了电话汇报。两种方案看似都有其合理性，像财务部小朱所言，的确会相对节省公司的财力和人力，况且公司目前还在研发新产品，现金的确有点紧张，一旦这样做了，对企业的运作会产生极大的影响，也会影响企业的扩张速度；但王羽所言也的确很有道理，失去了这个市场，影响的可就是公司的信誉和立足的根本。这是公司面临的一次危机，处理得好，可以将危机转化为企业发展的机遇和动力，否则有可能导致企业经营失败。

紧接着销售部广东片区销售经理赵双带着外销员王羽来到了 GZ 卷烟厂供应部，李部长带着他们二人直奔车间，车间主任拿出了问题卷烟纸卷出的烟，赵经理仔细察看发现确实有问题，当即代表恒丰纸业对因该问题的出现所带来的不便和损失向 GZ 卷烟厂致以歉意，并且表示将对该问题做进一步的了解。经过仔细调查，赵经理将调研结果汇报给潘总，并指出事态的严重性，赵经理也将拿到的问题烟支快递发回恒丰纸业总部。同时，GZ 卷烟厂供应部的李部长表示接受恒丰纸业的表态，并期待恒丰能够尽快解决卷烟纸的问题。

另一方面，潘总经理接到赵经理的确认电话后，立即联系生产部、品质部的负责人，要求他们对本次事件的原因进行彻底调查。生产部和品质部调取了该批卷烟纸的纸病在线检测记录，并未发现任何异常，随后，他们继续逐一仔细地核对在线检测的照片，终于发现了问题的根源。6 月 24 日生产的该批次产品是恒丰纸业首次为 GZ 卷烟厂提供的卷烟纸，共计 8748 盘，在 6 月 24 日 16：02 下机的纸棍在 3882~3895 m、距边部 47 cm 处，在线显示的“小黄点”照片与烟支上的卷烟纸状态接近。对烟支的卷烟纸定量测试，也比标准小 4~5 g/m^2 。8 月 3 日，潘总经理组织生产、检验和技术部门人员召开了专题会，通过与会人员对记录及纸样的分析，基本上可以认定产生质量问题的盘纸有 2~3 盘，而且根据生产时间及盘纸编号，能够准确地将该盘纸找出并予以剔除。而产生该问题的可能原因是：在生产时网部操作瞬间出现了问题，纸病在线监测系统定义不准，操作和检查人员对纸病在线系统所呈现的“正常状态”没有仔细查看。

在确定了有问题的卷烟纸产生的原因和有问题纸盘数量、编号后，潘总经理向恒丰纸业董事长做了报告，这是恒丰纸业第一次与 GZ 卷烟厂合作，就出现了这样的质量问题，董事长对此非常重视。8 月 4 日，董事长召集了销售、生产、质量、市场、财务以及其他几位分管经理开会，讨论这件事情的后续处理事宜。会上，各位经理都同意应该对于因卷烟纸的问题给 GZ 卷烟厂带来的损失予以补偿，但是如何补偿以及如何处理剩余的问题卷烟纸成了各位经理争论的焦点。主管财务的王总经理认为，为了减少恒丰纸业的损失，应该仅仅对于出现问题的 2~3 盘卷烟纸造成的损失进行赔偿，剩余的卷烟纸可以让其继续使用，这样既表现了恒丰纸业勇于承担责任，赔偿客户的损失，又最大限度地减少了自身的损失；同时，王总强调这是既经济又合理的赔偿方案。然而，市场部的孙总经理对此表达了不同的看法，她认为，应该从企业的长远利益出发，不能因小失大，GZ 卷烟厂是恒丰进入广东市场的第一站，如果因为这件事处理不当，引起 GZ 卷烟厂的不满，恐怕失去的不仅仅是这一个合作伙伴，而是整个广东市场，甚至是东南市场，所以，她觉得应该全部召回这一批次的问题纸，以表达恒丰纸业“客户至上，信誉至上”的经营理念。销售部的潘总经理表示，不论何种解决方式，重要的是要保留住这个重要的客户。各位经理各抒己见，提出了不同的方案。经过各位经理的讨论后，董事长表达了意见，他认为，既然出现了这样的事故，恒丰纸业就应该承担责任，并决定采取如下措施：第一，要与 GZ 卷烟厂进行积极沟通，以期获得对方的谅解；第二，尽快召回全部该批次尚未使用的卷烟纸，并重新为其生产、配发等量的卷烟纸。会议结束后，潘总经理带着事件的处理意见和措施启程赶往 GZ 卷烟厂。8 月 5 日，潘总经理到达 GZ 卷烟厂，就此事的调查情况、已采取措施以及出现问题后恒丰内部对责任人的处理方式与 GZ 卷烟厂供应部的李部长和技术中心的负责人进行了沟通，潘总经理再一次对 GZ 卷烟厂致以深深的歉意，并赔偿之前的问题纸所产生的损失，表示恒丰纸业将全部召回其尚未使用的 3564 盘纸，并免除一切运输等费用为其重新生产并配发 3564 盘卷烟纸。恒丰纸业解决问题的态度感动了 GZ 卷烟厂的李部长，他表示非常谅解恒丰纸业，并追加了 3456 盘的新订单，还一再表示余下的卷烟纸可以继续使用，但是潘总经理还是坚持召回这些纸。8 月 5 日，重新生产的卷烟纸发出，29 日，退回的产品抵达公司。8 月 30 日，恒丰纸业组织开展了专题质量教育系列活动：先是生产、品质部组织召开质量教育动员大会，参会人员包括各部门主管领导及生产、品质、技术中心等与质量有关的管理人员。公司董事长在会上做了专题发言。其次是组织责任分厂、检查站的全体人员对退回产品逐盘、逐张挑选，查找质量缺陷，而全体与会人员及各分厂班长、品质处检验员则到责任现场对挑选的过程进行了参观。同时，对涉及的责任部门领导、操作人员，包括潘总经理和品质部的李总经理，共同予以 5000 元的通报罚款。经过责任部门人员在业余时间、历时一个月的挑选，只找到了 1 盘有问题的盘纸，盘纸的编号与事先判断的位置完全相符。10 月 10 日，恒丰纸业将此问题的整体调查、分析、处理、采取措施及承诺等情况以书面形式传真给 GZ 卷烟厂供应部，供应部代表烟厂对恒丰纸业处理该问题的过程给予高度评价，并回函给恒丰纸业。

案例来源

张莉，于渤，Fang Wan. 危机来临，恒丰纸业能否真正“恒丰”？［J］. 中国管理案例共享中心，2010.

参考文献:

[1] Michael D. Hartline and O. C. Ferrell. The Management of Customer-Contact Service Employees: An Empirical Investigation. Journal of Marketing, 1996, 60 (4): 52-70.

[2] Maxham, James G.; Netemeyer, Richard G. A Longitudinal Study of Complaining Customers' Evaluations of Multiple Service Failures and Recovery Efforts. Journal of Marketing, 2002, 66 (4): 57-71.

[3] G. Anthony Gorry; Robert A. Westbrook. Once more, with feeling: Empathy and technology in customer care., 2011, 54 (2): 0-134.

[4] Tax, Stephen S.; Brown, Stephen W.; Chandrashekaran, Murali. Customer Evaluations of Service Complaint Experiences: Implications for Relationship Marketing. Journal of Marketing, 1998, 62 (2): 60-76.

[5] Bell C R, Zemke R E. Service breakdown: the road to recovery [J]. Management review, 1987, 76 (10): 32-35.

[6] Gronroos C.Service quality: the six criteria of good perceived service [J].Review of Business, 1988, 15 (7): 32-43.

[7] Hart C, Heskett J L, Sasser W E.The Profitable Art of Service Recovery [J]. Harvard business review, 1990, 68 (4): 148-156.

[8] Johnston T C, Hewa M A. Fixing Service Failures [J]. Industrial Marketing Management, 1997, 26 (5).

[9] Wirtz J, Mattila A S. Consumer responses to compensation, speed of recovery and apology after aservice failure [J]. International Journal of Service Industry Management, 2004, 15 (2): 150-166.

[10] 毛广雄，郑艳民．企业服务补救方式对顾客情绪转换的影响 [J]．经济与管理，2011，25 (6): 45-49.

[11] 代旭静．B2C 环境下网络零售商服务补救系统研究 [D]．天津大学，2014.

[12] Smith A. K., Bolton R. N. An experimental investigation of customer reactions to service failure and recovery encounter: Paradox of Peril [J]. Journal of Service Research, 1998, 1 (1): 5-17.

[13] 陈忠卫，董晓波．服务补救理论述评 [J]．中外企业家，2005 (4): 86-91.

[14] 同 [4] 60-76.

[15] Ivens B S, Leischnig A, Muller B, et al. On the Role of Brand Stereotypes in Shaping Consumer Response toward Brands: An Empirical Examination of Direct and Mediating Effects of Warmth and Competence[J]. Psychology & Marketing, 2015, 32(8): 808-820.

[16] Jones, S, M, et al. The Effects of Nonverbal Immediacy and Verbal Person Centeredness in the Emotional Support Process [J]. Human Communication Research, 2001.

[17] Marinova, Detelina, Singh, et al. Frontline Problem-Solving Effectiveness: A Dynamic Analysis of Verbal and Nonverbal Cues [J]. Journal of Marketing Research, 2018.

[18] Singh S, Marinova D, Singh J, et al. Customer query handling in sales interactions [J]. Journal of the Academy of Marketing Science, 2018, 46 (5): 837-856.

[19] Kang J, Hyun S S. Effective communication styles for the customer-oriented service employee: Inducing dedicational behaviors in luxury restaurant patrons [J]. International Journal of Hospitality Management, 2012, 31 (3): 772-785.

[20] 同[16].

[21] Lim E A C, Lee Y H, Foo M D. Frontline employees' nonverbal cues in service encounters: a double-edged sword [J]. Journal of the Academy of Marketing Science, 2017, 45.

[22] 同[16].

[23] 同[21] 45.

[24] Sundaram D S, Webster C. The role of nonverbal communication in service encounters [J]. Journal of Services Marketing, 2000, 14 (5): 378-391.

[25] 同[15] 808-820.

[26] Babin, E. A. An examination of predictors of nonverbal and verbal communication of pleasure during sex and sexual satisfaction. Journal of Social and Personal Relationships, 2013, 30 (3), 270-292.

[27] 同[17].

[28] 同[18] 837-856.

[29] 同[16].

[30] 同[17].

[31] 同[18] 837-856.

[32] 同 [18] 837-856.

[33] Bitner M J, Booms B H, Tetreault M S. The Service Encounter: Diagnosing Favorable and Unfavorable Incidents [J]. Journal of Marketing, 1990, 54 (1): 71-84.

[34] Parasuraman A, Berry L L, Zeithaml V A. Understanding Customer Expectations of Service [J]. Sloan Management Review, 1991, 32 (6): 39-48.

[35] Hoffman, K. Douglas; Kelley, Scott W.; Rotalsky, Holly M. Tracking service failures and employee recovery efforts. Journal of Services Marketing, 1995, 9 (2), 49-61.

[36] Keaveney S M. Customer Switching Behavior in Service Industries: An Exploratory Study [J]. Journal of Marketing, 1995, 59 (2): 71-82.

[37] Smith A K, Bolton R N, Wagner J. A Model of Customer Satisfaction With Service Encounters Involving Failure Recovery [J]. Journal of Marketing Research, 1999, 36 (3): 356-372.

[38] 同 [37] 356-372.

[39] 同 [37] 356-372.

[40] 方淑杰，黎耀奇，傅云新. 赔礼还是赔钱？——基于情绪感染理论的旅游景区服务补救策略研究 [J]. 旅游学刊，2019，34 (1): 44-57.

[41] 孙乃娟，郭国庆. 群发性危机背景下服务补救的宽恕效果研究——危机性质和解释水平的调节 [J]. 管理学刊，2019，32 (6): 54-61.

[42] Mayer J D, Salovey P. The intelligence of emotional intelligence [J]. Imagination Cognition and Personality, 1993, 17 (3): 433-442.

[43] Carmeli A. The relationship between emotional intelligence and work attitudes, behavior and outcomes: An examination among senior managers [J]. Journal of Managerial Psychology, 2003, 18 (8): 788-813.

[44] Nina Ogińska-Bulik. Emotional intelligence in the workplace: Exploring its effects on occupational stress and health outcomes in human service workers [J]. International Journal of Occupational Medicine and Environmental Health, 2005, 18 (2): 167-175.

[45] Lee J H, Kim M S, Jeon A. The Effects of Emotional Intelligence on Service Recovery and Organizational Loyalty: A Case of Flight Attendants of the republic of korea Airline [J]. Service Business, 2013, 7 (4): 665-686.

[46] 王潇，李文忠，杜建刚. 情绪感染理论研究述评 [J]. 心理科学进展，

2010，18（8）：1236-1245.

［47］杜建刚，范秀成．服务补救中情绪对补救后顾客满意和行为的影响——基于情绪感染视角的研究［J］．管理世界，2007（8）：10.

［48］张奇勇，卢家楣，闫志英，等．情绪感染的发生机制［J］．心理学报，2016，48（11）：11.

［49］张正林，庄贵军．基于时间继起的消费者信任修复研究［J］．管理科学，2010（2）：8.

［50］鲍吟诗，朱建荣．网购服务补救对顾客重购意愿的影响研究［J］．经营与管理，2021（1）：4.

［51］黄珍，常紫萍．线上服务补救、消费者宽恕与持续信任——基于中介与调节效应检验［J］．商业经济研究，2020，No.790（3）：97-99.

［52］胥兴安，王璐琪，王立磊，等．先赔礼还是先赔钱？服务补救策略次序对顾客参与意向的影响［J］．旅游学刊，2022，37（9）：18.

［53］Magnini V P，Ford J B，Markowski E P，et al. The service recovery paradox：justifiable theory or smoldering myth［J］．Journal of Services Marketing，2007，21（3）：213-225.

［54］孙乃娟，孙育新．服务补救、移情与消费者宽恕：归因理论视角下的模型建构及实证［J］．预测，2017，36（5）：30-35.

［55］Fehr R，Gelfand M J. When apologies work：How matching apology components to victims' self-construals facilitates forgiveness［J］．Organizational Behavior & Human Decision Processes，2010，113（1）：37-50.

［56］谭炼．基于宽恕意愿的网购服务补救质量对顾客忠诚的影响研究［D］．华中科技大学，2013.

［57］Baba S，Alexander F. Heart and Mind in Conflict：The Interplay of Affect and Cognition in Consumer Decision Making［J］．Journal of Consumer Research，1999，26（3）：278-292.

［58］McCullough，Michael E.，Rachal，K. Chris，Sandage，Steven J.，Worthington Jr，Everett L.，Brown，Susan Wade，Hight，Terry L. Interpersonal forgiving in close relationships：II. Theoretical elaboration and measurement.. Journal of Personality and Social Psychology，1998，75（6），1586-1603.

［59］郭晓姝，张焱，徐健．道歉承诺类管理反馈策略对顾客二次满意度的影响——基于顾客多样情绪调节效应［J］．中国管理科学，2021，29（2）：11.

［60］冯蛟，卢强，李辉．群发性产品伤害危机中未曝光企业应对策略影响消费者购买意愿的动态机制研究——来自解释水平理论框架的解释［J］．商业研究，2016（8）：13.

［61］Choi Y，Lin Y H. Consumer response to crisis：Exploring the concept of involvement in Mattel product recalls［J］. Public Relations Review，2009，35（1）：18–22.

［62］冉雅璇，卫海英，SamJ. Maglio，黄敏，李清．“单枪匹马”还是“人多势众”——企业道歉者人数对消费者宽恕的影响［J］．南开管理评论，2017，20（4）：38–48.

［63］何美贤．个性特征对消费者宽恕的影响——基于感知道歉真诚性视角［J］．中国流通经济，2018，32（11）：8.

［64］陈斯允、卫海英、冉雅璇、孟陆．“重振旗鼓”还是“重蹈覆辙”——新起点思维与品牌危机类型对消费者宽恕的影响［J］．南开管理评论，2020，23（4）：12.

［65］同［54］30–35.

［66］Fletcher K，Hart S J. Marketing Strategy and Planning in the UK Pharmaceutical Industry：Some Preliminary Findings［J］. European Journal of Marketing，1990，24（2）：55–68.

［67］张莉，于渤，Fang Wan. 危机来临，恒丰纸业能否真正“恒丰”？［J］. 中国管理案例共享中心，2010.

第八章
员工参与道歉

Edelman 在 2020 年底发布了"2020 年信任晴雨表"中发现，与 CEO（47%）相比，公众更有可能认为正式员工（54%）对他们而言具有更高的可信度。（Edelman Trust Barometer，2020）[1]。而员工参与企业对外公关和相关产品的营销活动的情况也越来越频繁。企业道歉就是员工参与企业经营管理活动中最为常见的表现形式之一。在本书的研究中，将对员工参与企业道歉如何影响消费者宽恕，以及其影响消费者宽恕的机制进行进一步的探讨，以期可以更加深入地分析员工参与企业道歉的作用，为企业在发生品牌危机后的处理措施提供相关的意见和建议。

一、员工参与道歉

道歉作为"最有意义的人际互动"[2]，是关系和解、冲突解决和危机缓解的有效途径（CARLISLE et al，2012）[3]。近几年关于企业道歉的研究越来越广泛。Kim（2017）研究了当网络安全漏洞威胁到组织声誉时，道歉的特征（责任承认、同情表达、补偿、安抚）和危机应对的其他特征，如借口的使用、道歉的功能是官方声明中出现的组成代表[4]。Racine 等（2020）使用

1983 年至 2013 年间 223 次非金融危机的独特而全面的数据集，研究企业的道歉如何影响股票价格[5]。Wei & Ran（2019）认为男性与女性所做的企业道歉的相对有效性取决于企业不法行为的性质，即不法行为是与业绩有关还是与价值有关[6]。从企业危机管理的角度，Liu & Li（2021）在多模态批评话语分析（MCDA）的框架下，研究了星巴克首席执行官（CEO）如何通过采访视频和独白视频向利益相关者延伸企业的道歉[7]。以上研究大多集中于企业如何道歉能够得到比较满意的结果。随着研究的深入，有学者将员工参与道歉也纳入道歉体系的研究中。

员工参与通常被定义为员工基于自身的禀赋和能力来共同参与企业决策，目的在于激发员工的工作积极性和强化员工的组织承诺等[8]。Denning（2006）在其文章中指出，当由企业的工作人员对外向企业的利益相关者和公众来传达企业的价值观时，对企业的声誉有着关键影响[9]。员工参与企业道歉是员工参与企业决策的一种表现形式，更是激发员工在企业面临危机时，员工作为企业的一员所表现出的责任和担当。同样，员工参与企业道歉也丰富了学术界关于道歉来源的研究。

在心理学领域，个体对“一人 / 多人”道歉的反应差异一直是学者们关注的热点话题。过往的研究发现道歉来源和道歉成分对消费者宽恕产生交互影响。关于道歉来源，即员工懊悔道歉会因消费者对员工产生更多的同情心而使道歉更加有效，CEO 的补偿道歉会因 CEO 显著影响消费者对正义的看法，进而促进其宽恕。Hill 等人（2015）的研究认为最好让 CEO 和员工都道歉，因为他们会引起不同但重要的消费者反应（即同理心和正义），从而导致宽恕[10]。在 Hill 等学者提出 CEO 和员工共同道歉更能引起宽恕时，在基于心理学人数效应的研究中，有学者提出了关于道歉来源人数的不同看法。在基于人数效应中的消费者印象一致性研究表明，多人参与可能会降低消费者的一致性期望。

除了以上学者关于员工参与的道歉来源的研究之外，还有学者对服务失败场景下的员工参与道歉的时间进行了相关研究。Smith 等人（1999）在其相关研究中指出员工立即（与延迟）道歉不仅会增加人们对正义的感知，而且还会给人留下员工有能力，或者公司拥有高效系统的印象[11]。Min 等（2020）指出员工立即道歉的有效性会有所不同，这取决于道歉时间是否与顾客的期望一致[12]。具体来说，如果员工的道歉时间顺序（即在投诉前或投诉后提供道歉）与顾客的未来互动期望（即期望与同一员工互动或不互动）相匹配，顾客会更满意，除此之外，Min 等按照道歉的时间顺序将道歉分为先发制人的道歉和回应性道歉。其中，先发制人道歉是指员工在投诉之前进行道歉；回应性道歉是指员工在听完投诉后作出的道歉[12]。如果顾客在提出投诉后企业员工选择道歉，他们的互动期望值会更高，更有可能得到满足。这样的回应性道歉可以让顾客先表达他们的担忧，这样这些顾客就更有可能相信员工会解决他们个人的担忧，而不会在未来犯同样的错误。与此相反，如果员工在顾客投诉之前就进行道歉，那么有些互动期望值低的顾客将更有可能得到满足。在他们的投诉之前作出道歉，这种先发制人的道歉意味着员工不仅意识到了失败，而且还为之负责。顾客可能会相信员工会很快解决这个问题，从而产生积极的结果。

根据 Frantz 和 Bennigson（2005）的说法，在某些情况下，受害者可能还没有准备好接受道歉作为冲突解决的一部分，直到他们说出自己的担忧并得到理解[13]。在他们的研究中，受害者与犯罪者有持续的关系（例如，朋友、伙伴、商业伙伴），因此，当他们有机会阐述他们的观点并在收到道歉之前让他们的担忧得到倾听时，他们会感到更满意。也就是说，那些期望与员工保持持续关系的客户，可能会在员工道歉之前就有动力让他们的关切得到表达。综上，员工道歉不论是先发制人的道歉还是回应性道歉，都是员工愿意承担责任的体现，只要员工的道歉时间的选择与顾客对未来的互动期望相匹配，就能取得比较好的结果。

在本章中，我们接下来将进一步对员工参与企业道歉进行更深入的探索，对员工参与企业道歉的影响和机制进行分析，丰富相关学者对员工参与道歉这一领域的研究。

二、员工参与道歉对消费者宽恕的影响

（一）员工作为“一线代言人”的效用

林波（2020）提到在树立“最佳雇主”品牌时，让员工成为品牌的第一代言人甚至是最佳代言人，是打造可持续品牌的重要途径[14]。员工对品牌的作用是不可替代的。美国学者 Berry 和 Lampo 在 2004 年做的一项消费者调研发现，服务人员决定了顾客对品牌的喜好程度。当消费者被要求用语言描述他们最喜欢和最不喜欢的品牌时，所有受访者描述的都是服务人员的行为，而其他品牌要素，如广告、设施、便利性或价格，却没有受到如此的重视。由此，我们可以看出，员工的行为往往是顾客形成品牌感知的重要源泉，“如果品牌传递给顾客的信息得不到员工行为的一致支持，品牌的可信度就会降低”。

Meta 创始人扎克伯格在其自传中提到：员工就是你的品牌，每一个员工都是你公司品牌的面子，最佳品牌大使，最好的市场营销员。在过往的商业场景中，百胜 CEO 曾携 25 万员工作出“每一口都安心”的承诺，该广告在当时影响众多餐饮业的“瘦肉精”事件中，取得了良好的效果。2019 年，《必胜客餐厅全新形象广告》中，以员工的视角诠释了必胜客的全新形象，因员工的亲民性使得广告深入人心。同在 2019 年，华为以员工故事的视角拍摄了微电影《信念》，该视频从员工视角切入，将华为的目标“构建物物互联的智能世界”传递给了每一位消费者，同时为企业树立了良好的积极向上的社会形象，该视频一上线播放量就达到了破万的效果。这些例子都表明，员工

在企业品牌形象的树立过程中，有着重要的作用。

（二）员工参与道歉的效用

Fleck 等人（2014）的相关研究表明，当公司员工为公司的发言人时，由于消费者感觉“更接近自己”，产生更多的共情，从而可以唤起更强烈的可信度[15]。Zeitoun 等人研究发现员工在企业品牌建设过程中可以影响消费者对企业的期望。那么，在企业品牌危机发生时，员工是否会因其在企业品牌发展过程中的“独特性”而发挥其作用呢[16]？GIBNEY 等人（2008）指出道歉作为“最有意义的人际互动”是企业面对品牌危机时常见的一种有效应对策略。2018 年，星巴克 CEO 因两名黑人在旗下门店被捕事件发布星巴克坚决反对种族歧视声明，之后涉事门店经理向两名黑人道歉，以表明星巴克不存在种族歧视。2019 年，著名的波音空难事件发生后，波音高管首先在巴黎航站承认其在空难发生之前，并未处理好机舱警报系统故障，其后 CEO 克雷格 · 史密斯代表公司正式道歉，对遇难者家属表示同情。2020 年，德国米其林餐厅主厨因发表“不欢迎中国人”的言论而道歉，事后该餐厅被米其林指南从官网推介移出，这是一个并不成功的危机公关案例。还有在 2022 年，东京电力公司代表因核泄漏事件对福岛灾民道歉，福岛灾民原告团长因东京电力 CEO 未亲自前来表示愤怒。

在以上企业危机处理中，我们关注到了因道歉来源地不同而引发受众群体不同的强烈反应。大量研究表明，在企业危机发生时，员工会对消费者的态度产生重要影响。在企业发生危机后，一线员工将可能成为消费者关于企业危机信息获取的重要来源[17]。尤其是对于与消费者互动频繁的服务业，比如餐饮业、快递行业、零售行业等，员工与消费者的关系可以对企业可能发生的服务过失所产生的负面效应起到缓冲作用[18]。此外，消费者往往对一线员工更加熟悉，并建立社会联系[19]。Walter 等人进行了一项研究，要求消费者想象他们的银行卷入丑闻，消费者得到的信息被银行 CEO、新闻官员和一线员工认可，消息是相同的，并表示该公司希望尽一切努力赢得客户的信任并克服丑闻。该研究证明线下员工的关键作用，参与者报告说，与新闻官员或首席执行官认可的信息相比，一线员工认可该信息时的忠诚度意图明显更高[20]。员工因其“独特性”在企业发生危机时，影响着消费者对企业的态度和看法。由此，我们推断在企业发生危机时，员工参与的道歉可能会对消费者宽恕产生影响。

三、员工参与道歉的影响机制

宽恕是企业道歉能否重拾消费者对企业信赖的试金石。近年来，关于消费者“宽恕”在社会学和心理学等领域引起了越来越多的关注和研究。目前被学术界普遍接受的关于宽恕的概念是由 Enright（1991）提出，他认为宽恕是指“面对冒犯者的不公平行为时，对冒犯者施以同情和爱”[21]。LeDoux（1987）认为，当人在暴露于外部刺激时，会在大脑边缘系统产生低阶的情感反应，在大脑皮质系统会产生高阶的认知过程[22]。Shiv 等人（1999）在此基础之上提出的情感—认知双系统加工理论认为：当外界资源发生变化时，人们可能会产生自发低阶情感反应和深思后高阶认知反应[23]。由此我们得到，当消费者接收到企业道歉这一来自外部的刺激时，消费者会产生低阶的情感反应和高阶的认知反应。在人际宽恕的研究中，McCullough（2000）在整合之前文献的基础之上提出认知和情感的过程对宽恕有重要影响[24]。

Hall 与 Fincham（2005）在 Enright 提出的自我宽恕概念基础之上提出了自我宽恕模型，指出自我宽恕的过程包括责任归因和情绪共情。Hall 与 Fincham 提出内疚与自我宽恕的关系，内疚是“他人导向的”，它关注的是一个人对他人的影响。内疚感促进了对他人的移情关怀，并促使犯罪者对受害者表现出和解的行为，例如道歉、归还或寻求宽恕。然而，虽然和解行为和自我原谅之间可能存在正相关，但内疚所培养的以他人为导向的共情实际上可能会抑制自我宽恕。除此之外，自我宽恕的个体更可能地将一些责任归因于受害者，这个过程实际上可以进一步增强自我宽恕[25]。Tsarenko 和 Gabbott（2006）首次将宽恕的学术研究从人际关系领域拓展到了商业领域，并提出宽恕不是一个简单的事件或直接的对某一特定事件的反应。它构成了一个事件的生命周期的一部分，涉及许多步骤或复杂的过程。宽恕过程主要涉及四个主要因素：（1）承认被冒犯或经历不公正；（2）接受选择/决定放下负面情绪；（3）从内部紧张中获得解脱；（4）对犯罪者产生同情心。一般来说，经理们并不完全了解顾客是如何感知问题情境的，他们所产生的引起的情感状态，以及情感的动态特征。如果能更好地理解冲突情况下的行为动机，就可以采取更有效的针对性方法来调解冲突，并指导有关各方的宽恕过程。以实现更多的宽恕并取得更多的成果。宽恕可以缓和冲突，恢复合作，甚至可以加强客户和供应商之间的关系[26]。2011 年，Tsarenko，&Tojib（2011）进一步提出，在服务失败场景下，消费者的宽恕不是一个简单的事件，从一个阶段到另一个阶段的线性进展，是复杂的情感和认知进展的过程，并提出消费者在面对服务失败情景避免进一步冲突时，会尝试重新解释问题并重构认知，这标志着宽恕过程的开始，并对消费者产生同情，当犯罪者表现出真诚的悔意并寻求宽恕时，建立同理心的机会可能会增加[27]。

在我们对文献的梳理后发现，在企业发生品牌危机时或者是在服务失败场景下，消费者普遍都是通过情感—认知双路径来对企业的道歉产生宽恕。因此，我们得到，由员工参与的企业道歉也是通过情感—认知双路径来获得消费者宽恕。

（一）员工道歉因社会距离而产生情绪共情对消费者宽恕的影响

社会距离理论被广泛地用来解释社会中不同人之间的关系。Magee& Smith（2013）社会距离为一种与他人或其他人之间的距离的主观感知或体验，并提出，个人之间的不对称依赖（即权力）产生了不对称的社会距离，高权力的人比低权力的人感觉更遥远[28]。Cehajic 等（2008）在研究群体宽恕时同样提出较近的社会距离产生频繁的群体接触和高度的共同群体认同会因同情和信任对宽恕产生影响[29]。Hill & Boyd（2015）在关于道歉来源的研究中提出，员工懊悔道歉会因消费者对员工产生更多的同情心而使道歉更加有效，CEO 的补偿道歉会显著影响消费者对正义的看法，进而促进其宽恕。在其研究后期提出因为员工道歉会增加道歉的有效性，进而提出了企业进行道歉时，最好让 CEO 和员工都道歉，因为他们会引起不同但重要的消费者反应（即同理心和正义），从而导致宽恕。因此，我们认为，员工参与到企业道歉中，会因与消费者较近的社会距离，让消费者更容易引起对其宽恕。

在具体的商业场景中，消费者往往对一线员工更加熟悉，并建立社会联系。当消费者与道歉员工的社会距离更近的时候，解释水平更低，大脑会产生低阶的情感反应，消费者更加关注员工，并因员工的真诚道歉而产生强烈的同情，进而正向影响宽恕。

道歉可能会激活道歉接受者对道歉者的共情。共情在某种程度上是一种“观察者和刺激者之间共同的情绪反应”（Feshbach，1975）[30]，如果道歉者表达悔恨或其他强烈的情绪，引起接受者的认可和反应，共情可能更有可能发生。接受者可能会通过几种方式来表达他们对道歉者的同情，包括用情感来回应。例如，接受者可能会对道歉者感到同情，并随后表达同情。同理心与亲社会行为有关，宽恕是亲社会行为的探测器。如果道歉接受者对道歉者表示同情，接受者可能会继续从事亲社会行为，进而选择宽恕道歉者。CEO 在道歉中所表现出的悔恨不如员工在道歉中的悔恨更能引起消费者的宽恕。共情反应更应该由对社会距离相近的员工产生。也就是说，被冒犯的一方更有可能对那些他们认为与自己相似的人产生同情。在这种情况下，道歉的员工可能会被认为是一个“内部群体”的一部分，而不是首席执行官，员工参与的道歉更能获得消费者的宽恕。

（二）员工社会资本的丰富度使其产生信任对消费者宽恕的影响

社会资本一词既具有“社会学”的内涵也具有“经济学”的内涵。过往关于社会资本的研究认为，社会资本是真实的和潜在的嵌入在个人或社会组织所拥有的关系网络之中的资源总和，包含三个维度：结构、关系和认知（Nahapiet & Ghoshal，1998）[31]，这也是最被大众所接受的关于社会资本的概念。其中：结构社会资本（Structural Social Capital，SSC）是指社会关系中人们之间来往的密切程度，强调社会网络以及互动质量。关系社会资本（Relational Social Capital，RSC）指人们经过联结而形成的互动关系，它强调成员之间的联系。认知社会资本（Cognitive Social Capital，CSC）是个体对群体的感知，强调在共同语言和文化背景下，人们建立的共同观点以及认知。

现有关于员工社会资本的研究大多集中于组织内部。邹宇春和敖丹（2011）将社会资本定义为一种社会关系网络，且这种社会关系网络是人们生活工作所必备的[32]。Dutton用企业员工的朋友关系网络对社会资本进行了测量和实证研究，发现工作中员工的互动关系对于组织认同具有积极的影响作用[33]。孙博和刘善仕等（2019）的研究发现，企业高管成员的流动转换所形成的社会关系网络，有利于企业间的信任关系，对知识创新有积极的促进作用[34]。员工与消费者之间的社会资本越丰富、越紧密，其产生的信任度越高，进而能够促进消费者宽恕。员工社会资本对消费者的宽恕有正向影响作用。社会资本是企业与利益关系各方之间基于信任、共同价值观念而形成的良好社会关系网络，是一种能给企业带来价值提升的潜在经济资源（Durlauf & Fafchamps，2005）[35]。员工社会资本的增加，是加速消费者个体之间信息和知识的流动的重要因素，对促进消费者个体与群体之间的相互信任和合作具有重要支持作用（Hewstone等，2004）。[36]

在本文的研究中，当员工社会资本与消费者社会资本重合或交互相融之后，社会资本会因为增加消费者信任而有助于获得宽恕。

基于消费者所产生的信任感和共情性，消费者在员工参与企业道歉时，会逐渐对冒犯者表现出仁慈和宽容，这对修复企业和消费之间受损的关系起到了很好的效果和作用。

在本章的研究中，通过对员工作为企业“一线代言人”，和员工参与道歉的效用进行深入解析，在对现有研究关于消费者宽恕的具体分析基础之上，提出了消费者会因与员工较近的社会距离而对员工产生低阶的情感反应，具体表现为对员工的同情而选择宽恕员工及企业；同时会因员工与消费者之间较为丰富密切的社会资本，会让消费者对员工进一步地产生高阶的认知反应，具体表现为对员工的信任进而选择宽恕员工及企业。通过对以上相关研究的归纳总结，本章得出在企业遭遇品牌危机时，有员工参与的企业道歉更容易获得消费者宽恕。

四、典型案例示例

案例一：双汇集团“万人大会”挽回消费者信心

河南双汇投资发展股份有限公司是我国农业产业化国家重点龙头企业，其总部位于河南省漯河市，以下简称双汇集团。双汇集团在全国 18 个省（市）建立 30 个现代化肉类加工基地和配套产业，形成了饲料、养殖、新材料包装、冷链物流、商业外贸等完善的产业链，拥有 100 多万个销售终端，每天有 1 万多吨产品销往全国各地，在全国大部分省份均可实现朝发夕至。截至 2022 年底，双汇集团品牌价值 738.46 亿元，连续多年领跑中国肉类行业。双汇控股母公司——万州国际总部在香港，万州国际拥有中国“双汇”、美国“Smithfield”等众多备受市场青睐的产品和品牌，产品销往全球 40 多个国家，双汇牌冷鲜肉、双汇王中王在中国家喻户晓，Smithfield 品牌享誉欧美市场。

万州国际拥有2个上市公司，“双汇发展”（000895）深圳上市，“万州国际”（00288）在香港上市。双汇发展在福布斯“2014全球最具创新力企业100强”中位列24位，中国大陆第一位。2021年“万州国际”再次入选《财富》世界500强，位列474位。双汇集团董事长万隆，长期从事肉类行业，世界肉类协会理事，中国肉类协会常务理事、高级顾问，第九届、十届全国人大代表。一些媒体称他“中国屠夫长”“肉类工业的教父”“肉类品牌创始人”，在其带领下，双汇集团享誉全球。

企业的发展并非一帆风顺，双汇集团也不例外。在之前的“瘦肉精”事件发生后，双汇集团在其董事长万隆的带领下，组织涉事企业的管理层和一线员工以及经销商，组成“万人大会”，并在大会上向消费者真诚道歉，希望以此来挽回消费者对双汇集团的信任，获得消费者对其的宽恕。

案例回放：2011年3月15日，央视《每周质量报告》播出了一期《“健美猪”真相》的3·15特别节目，济源双汇食品有限公司收购“瘦肉精”猪肉被曝光。至此，“瘦肉精”事件正式出现在大众面前。

在该事件发生后，双汇集团立马召开管理层经营会议，并于3月16日，以双汇集团的名义发布道歉声明，在声明中承认央视报道属实，同时责令涉事的济源工厂停产。在发布完道歉声明后，双汇集团对其合作的各大零售企业发函，函件内容称“凡我司生产的熟肉制品均可正常销售，如出现相关的质量问题，我司将承担一切责任。”除此之外，双汇集团领导层还表示，已经委托国家和地方相关检验检测机构，对双汇集团生产的熟肉商品进行全面检测，其检测结果将在本月20日进行公告。当日，双汇集团总经理杜俊甫在接受媒体采访时着重强调，“双汇作为一家大公司，对所有问题不会回避，会承担所有的责任”。双汇集团同时宣布，“为了确保食品安全不计成本，不惜代价”，对开展实施生猪屠宰的“瘦肉精”进行在线“逐头检验检测”，目的是从源头上确保食品安全。本次道歉主要是以企业发布道歉声明为主，但本次道歉并未取得理想中的积极效果。

3月17日晚，在没有取得较好的市场效果后，双汇集团再次发表声明表示，将在政府相关部门机构的监督下，对济源市场上流通的双汇产品进行收回，并对原济源双汇公司的总经理、主管副总经理、采购部长、品管部长予以免职，济源双汇工厂继续进行停产整顿工作。但网民并不买账，网民对其企业声明呈现出了极度的不信任，“再不食其肉”的说法充斥网络。

双汇集团遭遇了前所未有的品牌危机。3月23日，双汇集团举行了全国管理层和客户的视频会议，在其会议中明确提出：落实企业之前发的两个声明、确保食品安全，双汇集团的掌舵人万隆表示：面对这样严峻的市场环境和企业危机，需要企业全员要坚定信心，共克时艰。同时针对“瘦肉精”抽样检测存在的风险，将不惜成本，对生猪屠宰实施“瘦肉精”在线逐头检测，确保双汇集团的生猪100%全检。这次视频会议的参会人员有双汇集团董事长万隆、总经理游牧等集团领导高层，以及事业部领导、全国业务客户及部分记者，共4000多人。为了安抚在此时处境艰难的供应商，3月25日，双汇集团再次召开视频会议，双汇集团董事长万隆等高层领导、业务采购人员、全国生猪和原辅料供应商及部分记者3000多人参加了此次会议。在“瘦肉精”事件发生后的第13天，3月28日《第一财经日报》报道称，双汇集团的创始人兼董事长万隆在接受专访时表示，“瘦肉精”事件与“三聚氰胺”事件有着本质的区别，“瘦肉精”事件是上游产业链中养殖环节出现的问题，并且非常有信心地表示双汇集团不会成为下一个三鹿集团。强调此次“瘦肉精”事件的真正原因是生猪养殖业秩序混乱和动物检验检测标准过于宽松而导致，自己和双汇集团是“代人受过”。万隆的“代人受过”言论再次引起网络和媒体的广泛关注和评论。

双汇集团在经过多次道歉并未取得积极效果的情况下，3月31日，双汇集团召开了“万人职工大会”，此次参会的人员有双汇集团所有管理层、涉事企业基层员工、经销商、部分新闻媒体等万人参加。双汇集团再次对因“瘦肉精”事件所给消费者带来的伤害表示诚挚的歉意，并公布整顿举措。董事长万隆在会上对广大消费者也亲自致歉并将3月15日确定为双汇集团的“双汇食品安全日”，让每一个双汇人都能牢记今天的教训。他还声明，在近期配合政府执法部门开展的生猪和熟肉的调查抽检中，双汇集团的产品全部合格，并未检出含有瘦肉精。同时表示在“瘦肉精”事件发生的当天，截至3月15日收盘，双汇发展的股票跌停，仅一天双汇发展的市值蒸发103个亿，从3月15日起到31日，影响了双汇集团销售有15亿多元。万隆代表管理层向消费者再次致歉，并对曝光“瘦肉精”事件的央视等媒体也表达了感谢，期望继续得到在场的经销商、供应商、投资者以及金融部门的支持。双汇的员工也纷纷向消费者致歉，并表示会继续响应公司的号召，支持公司的决定，更加认真负责地对待工作。为了消除影响，杜绝类似事件的再次发生，万隆在万人大会上宣读了双汇集团的六项决定：1. 强化源头控制。执行生猪头头检验，原辅料强化批批检查。2. 成立双汇集团食品安全监督委员会，监督企业各个环节。3. 建立双汇集团食品安全奖励基金，每年“3·15”做总评。4. 建立食品安全举报制度。5. 引入“中国检验认证集团”作为独立监督机构进行第三方监测。6. 加快养殖业发展，进一步完善产业链，提高企业对产业链上下游的控制力。此次道歉是双汇陷入“瘦肉精”风波后召开的第三次公开会议，也是规模最大的一次。

截至2011年4月18日8：00，全国各地执法部门对双汇产品进行普查和抽检，100多个地区的执法部门相继公布普查和抽检结果，双汇产品全部合格，均未检出“瘦肉精”。其中北京市食品办、工商局采用的是2008年北京奥运会期间的食品安全检测标准，通过对双汇33个熟肉制品样本进行抽检，结果全部合格，说明双汇产品的质量是可信的，是经得起市场检验的，消费者完全可以放心食用。同时也说明，“瘦肉精”事件是济源双汇单一工厂的问题。

截至目前，针对含有瘦肉精的生猪流入济源双汇，双汇集团济源工厂已收回所有产品。

4 月 19 日，停牌了一个多月的双汇发展于上午 9：30 复牌，双汇发展在其公告中称此次“瘦肉精”事件已对公司构成的损失超过了 13 亿元。4 月 20 日，根据国务院食品安全办公室日前下发的《“瘦肉精”专项整治方案》（以下简称《方案》），农业部、国务院食品安全委员会办公室、工业和信息化部、公安部、商务部、卫生部、国家工商总局、国家质检总局、国家食品药品监管局等九部门将联合开展为期一年的“瘦肉精”专项整治行动，根治“瘦肉精”问题，保障畜牧业健康发展，确保人民群众消费安全。在双汇集团和国家有关部门的大力配合下，此次“瘦肉精”事件所带来的市场影响正在逐步减小，消费者也在慢慢重拾对中国肉类加工企业的信心，对于双汇发展来说，这次事件的发生对企业内部的精细化生产管理提出了新的要求，同时也为企业积累了品牌危机事件的应对经验，为后续企业的良性发展奠定了一定的基础。

5 月 31 日晚间，双汇发展发布公告称，“瘦肉精”事件中的主角济源双汇食品有限公司（以下简称“济源双汇”）将于 2011 年 6 月 2 日开工复产。7 月 22 日，双汇集团深埋处理含“瘦肉精”猪肉 3769 吨，处理损失约 6200 万元。7 月 23 日，双汇集团董事长万隆接受媒体采访时认为，“3・15”对双汇的影响即将过去，6 月份双汇的销售已恢复到 80%，现在从销售额上看，考虑到通胀的因素，双汇已经超过“3・15”之前的水平。

案例二：辛巴高调预告复出，带领所有员工鞠躬致歉，感动粉丝

此前因燕窝事件而声名狼藉的网红辛巴正式宣布复出了，这次复出，辛巴也做了大量工作，为了能够取得令人满意的效果，辛巴先是选择不断投放宣传他即将复出直播行业的广告，随后又精心策划了一场别开生面的公关活动，在辛巴的带领下，公司全体主播因之前发生的燕窝事件对粉丝造成的伤害进行鞠躬道歉。

随着移动互联网的不断发展，各种各样的传播媒介不断冲击着我们的工作和生活，网络世界也变得越来越鱼龙混杂。尤其是近几年来，随着抖音、快手等网络短视频和直播行业的兴起，不少网红主播迅速崛起。辛有志就是其中的一员，辛有志也就是辛巴，他利用短视频发展的这段红利期，迅速走红，个人粉丝突破千万，并且还收了不少徒弟。在燕窝事件发生之前，辛巴可以说是红极一时的网络主播。

在 2022 年的双十一促销活动后，辛巴被爆其在直播间销售假燕窝，当网友曝光其在辛巴直播间购买的燕窝为糖水后，辛巴起先极力否认其售卖的是假燕窝，并且在这之后自证清白。当时一些粉丝因为对辛巴的极度信任和崇拜，甚至因此去网暴素人，在网络上带来了非常不好的影响。直到被相关专业机构正式检测尘埃落定之后，辛巴算是自己打脸自己了，其销售的燕窝确实存在问题。因为假燕窝事件的发生，辛巴不仅信誉受到重大损失，并且还要承担大量的赔偿。最后被立案调查的处罚结果是罚款赔偿以及直播账号封禁处理。在辛巴账号封禁处理 60 天后，因为假燕窝事件所带来的恶劣影响，虽然封禁 60 天的期限早已经解除，但辛巴一直没有公开露面，迟迟没有回归。

辛巴为了能够尽快复出，重新出现在大众的视野中，在复出之前做了很多的铺垫工作。首先是辛巴徒弟在直播间高调喊话期盼他的师傅可以早日归

来，辛巴也一直在为复出试水。近日辛巴正式回归，为了消除“假燕窝”事件所带来的负面影响，辛巴在多地投放了复出的视频广告，在视频广告中可以看到主播辛巴带领着公司下属全体员工向消费者和粉丝鞠躬致歉的场景，并且辛巴表示将携全体主播，接所有用户回家，在视频中清晰地看到辛巴带着妻子初瑞雪站在前方，一众徒弟在辛巴和其妻子身后依次站立，齐刷刷地对着镜头深深鞠躬，看起来诚意满满。这场复出的视频广告，算是声势浩大、蔚为壮观了。如此高调的回归自然在网络上引起不小的轰动，同时也引起广大网友的关注。主要体现在辛巴的账号连发两次回归的预告视频后，仅 2 个小时便突破了 1784 万的播放量。评论区中不少辛巴的忠实拥护者在看完视频后已经感动得声泪俱下，纷纷表示这一幕太感人了。众多粉丝也在其评论区下纷纷留言，表态支持辛巴回归。

辛巴的这次道歉视频在网络取得了非常好的效果，其复出不仅得到了消费者的宽恕和谅解，并且取得了很好的营销效果。

参考文献：

[1] Barometer E T. Edelman trust barometer [J]. Edelman. Retrieved March，2021，4：2021.

[2] GIBNEY M，et al. The Age of Apology [M]. Philadelphia：University of Pennsylvania Press，2008：1.

[3] CARLISLE R D，et al. Do actions speak louder than words Differential effects of apology and restitution on behavioral and self-report measures of forgiveness [J]. The Journal of Positive Psychology，2012（4）：294-305.

[4] Kim N. Corporate apology and cultural difference：A comparison of the United States and the republic of korea in cyber-security breach crisis [D]，2017.

[5] Racine M，Wilson C，Wynes M. The value of apology：How do corporate apologies moderate the stock market reaction to non-financial corporate crises [J]. Journal of Business Ethics，2020，163（3）：485-505.

［6］Wei H，Ran Y. Male versus female：How the gender of apologizers influences consumer forgiveness［J］. Journal of Business Ethics，2019，154（2）：371-387.

［7］Liu S，Li X. A Multimodal Critical Discourse Analysis of Corporate Apologies by Starbucks CEO from the Perspective of Crisis Management［J］. Scientific and Social Research，2021，3（2）：114-123.

［8］黄攸立，张洁. 员工建言行为对个体绩效的影响——基于资源保护视角及上下级关系的调节作用［J］. 北京航空航天大学学报（社会科学版），2017，30（3）：80-86.

［9］Denning S. Effective storytelling：strategic business narrative techniques［J］. Strategy & leadership，2006，34（1）：42-48.

［10］Hill K M，Boyd D P. Who should apologize when an employee transgresses Source effects on apology effectiveness［J］. Journal of Business Ethics，2015，130（1）：163-170.

［11］Smith A K，Bolton R N，Wagner J. A model of customer satisfaction with service encounters involving failure and recovery［J］. Journal of marketing research，1999，36（3）：356-372.

［12］Min K S，Jung J M，Ryu K，et al. Timing of apology after service failure：the moderating role of future interaction expectation on customer satisfaction［J］. Marketing Letters，2020，31：217-230.

［13］Frantz C M P，Bennigson C. Better late than early：The influence of timing on apology effectiveness［J］. Journal of Experimental Social Psychology，2005，41（2）：201-207.

［14］林波. 让员工成为可持续品牌第一代言人［J］. 可持续发展经济刊，2020（10）：61-62.

［15］Fleck，Nathalie，Géraldine Michel，and Valérie Zeitoun. “Brand personification through the use of spokespeople：An exploratory study of ordinary +employees，CEOs，and celebrities featured in advertising.” Psychology & marketing 31.1（2014）：84-92.

［16］Zeitoun，Valérie，Geraldine Michel，and Nathalie Fleck. “When brands use CEOs and employees as spokespersons：A framework for understanding internal endorsement.” Qualitative Market Research：An International Journal（2020）.

［17］Murray，Keith B. “A test of services marketing theory：consumer information acquisition activities.” Journal of marketing 55.1（1991）：10-25.

[18] Jones, Tim, Peter A. Dacin, and Shirley F. Taylor. "Relational damage and relationship repair: A new look at transgressions in service relationships." Journal of Service Research 14.3 (2011): 318–339.

[19] Colgate, Mark, et al." Back from the brink: Why customers stay. "Journal of Service Research 9.3 (2007): 211–228.

[20] Von Walter, Benjamin, Daniel Wentzel, and Torsten Tomczak. " Securing frontline employee support after an ethical scandal: The moderating impact of response strategies. "Journal of Service Research 19.4, 2016, 417–432.

[21] Enright R D. The moral development of forgiveness. [J]. A.m.a.archives of Dermatology, 1991, 78 (3): 123–151

[22] LeDoux, Joseph E., "Emotion, " in Handbook of Physiology, Section 1: The Nervous System, Vol. 5, Higher Functionsof the Brain, ed. F. Plum, Bethesda, MD: American Physiological Society, 1987, 419–460

[23] Shiv B, Fedorikhin A. Heart and mind in conflict: The interplay of affect and cognition in consumer decision making [J]. Journal of consumer Research, 1999, 26 (3): 278–292.

[24] McCullough, Michael E. Forgiveness as Human Strength: Theory, Measurement, and Links to Well–Being. Journal of Social and Clinical Psychology, 2000, 19(1), 43–55.

[25] Hall, J. H., & Fincham, F. D. Self–forgiveness: The stepchild of forgiveness research. Journal of Social andClinical Psychology, 2005, 24, 621–637.

[26] Tsarenko, Y., Gabbott, M. Forgiveness: A new insight into business relationships. Enhancing Knowledge Development in Marketing, 2006, 17: 30–36.

[27] Tsarenko, Y., and Tojib, D. R. A transactional model of forgiveness in the service failure context: A customer–driven approach. Journal of Services Marketing, 2011, 25 (5): 381–392.

[28] Magee, Joe C., and Pamela K. Smith. "The social distance theory of power." Personality and social psychology review 17.2 (2013): 158–186.

[29] Cehajic, Sabina, Rupert Brown, and Emanuele Castano. "Forgive and forget Antecedents and consequences of intergroup forgiveness in Bosnia and Herzegovina." Political

Psychology 29.3（2008）：351–367.

[30] Feshbach，N. D. Empathy in children：Some theoretical and empirical considerations. The Counseling Psychologist，1975，5（2）：25–30.

[31] Nahapiet J，Ghoshal S. Social Capital，Intellectual Capital，and the Organizational Advantage [J]. Academy of Management Review，1998，22（2）：242–266.

[32] 邹宇春，敖丹. 自雇者与受雇者的社会资本差异研究 [J]. 社会学研究，2011，5.

[33] Dutton J E，Worline M，Frost P，et al. Explaining compassion organizing. Administrative Science Quarterly，2006，（1）.

[34] 孙博，刘善仕，姜军辉，葛淳棉，周怀康. 企业融资约束与创新绩效：人力资本社会网络的视角 [J]. 中国管理科学，2019，4.

[35] Durlauf，S. and Fafchamps，M. Social capital，in P. Aghion and S. Durlauf（eds），Handbook of Economic Growth，2005（New York：Wiley）.

[36] Hewstone，M.，Cairns，E，Voci，A，McLernon，F，Niens，U，& Noor，M. Intergroup forgiveness and guilt in Northern Ireland：Social psychological dimensions of The Troubles.In N. R. Branscombe，& B. Doosje（Eds.），Collective guilt：International perspectives. Cambridge：Cambridge University Press. 2004：193–215.

第九章
员工参与对群际宽恕的影响

一、群际宽恕的概念

作为宽恕心理学研究的新领域——群际宽恕（Inter-group Forgiveness），在学术界已有不同研究。Hewstone（2004）认为群际宽恕是群体成员对曾经侵犯过本群的外群体所具有的报复感、愤怒感以及不信任感的减少，有意识地去理解、接近对方群体并积极地参与到对方群体中的一种行为迹象[1]。相对于个体宽恕，群际宽恕通常被理解为个体水平宽恕的一种扩展，强调认知、情感和行为结果三方面的群体表现。群际宽恕强调的是一种群体性过程，在群体层面上减少对外群的消极情感，从而达到改善群际关系的目的。所以，Staub（2006）[2]、Tam（2007）[3]认为群际宽恕能够促进积极群体关系的发展，有利于政治社会的和谐稳定，Shechtman 等（2009）认为群际宽恕能打消痛苦、报复的欲望，从而获得更多积极的情感和亲社会动机[4]。Hewstone（2004）等研究表明，群体认同与群际宽恕之间存在显著的负相关，群体认同的强度越大，群际宽恕的水平越低[5]。而且 Tam 等（2007）[6]研究发现，恐惧、焦虑、愤怒等一些分化的群际情绪影响着群际宽恕，其中愤怒比其他情绪能够更好地预测群际宽恕，愤怒水平越高，群际宽恕水平越低。道歉行为在群际宽恕过程中具有重要的、积极的作用。当群体成员接收到群体层面上的官方道歉时不一定引起宽恕，也不一定增加对外群的正向感知与积极态度，但是，如果群体成员接收到个体层面上的对方成员道歉时，则更能促进群际宽恕的产生，官方道歉在群际宽恕的过程中只起到了间接作用。此外，不同群体成员之间积极的互动可以减少群体偏见和敌意，良好的群际接触是提高群际关系质量的有效策略。

从心理学的角度而言，宽恕是人际侵犯发生以后，被侵犯者对侵犯者消极因素（例如回避、报复等）的释放过程，取而代之的是对侵犯者的同情和爱（compassion and love）（Enright，Gassin 和 Wu，1992）[7]。可见，宽恕的前提是人与人之间的侵犯，然而，侵犯并不总是发生在个体之间，群体之间亦会有侵犯和伤害。例如，对中国人民而言，日本帝国主义发动的侵华战争无疑是影响最为深远的外群体侵犯之一。然而，我们在谴责军国主义的同时，也应将军国主义分子与日本人民区分开，正如习近平总书记在南京大屠杀死难者国家公祭仪式上发表重要讲话时所说，"我们不应因一个民族中有少数军国主义分子发动侵略战争就仇视这个民族，战争的罪责在少数军国主义分子而不在人民"。张连红（2000，2003）的研究也显示，即使是南京大屠杀的幸存者，其对待历史的态度更多的也是宽容[8, 9]。相对于个体宽恕，群际宽恕通常被理解为个体水平宽恕的一种扩展，强调认知、情感和行为结果三方面的群体表现。群际宽恕强调的是一种群体性过程，在群体层面上减少对外群的消极情感，从而达到改善群际关系的目的。

除此之外，Swart 和 Hewstone（2011）还从人际宽恕与群际宽恕区别的角度出发，对群际宽恕进行了界定[10]。他们认为，两者之间存在四点区别：第一，人际宽恕源自个体间的人际互动，而群际宽恕则发生于群体之间，并且通常伴随有政治色彩；第二，人际宽恕通常出现在冒犯者的真诚道歉之后，相反，群际宽恕发生之前的道歉通常是官方层面的道歉，这种道歉的真诚程度不得而知；第三，人际宽恕产生的重要原因之一是个体间冒犯所造成的伤害会随着时间的流逝而逐渐消退，而群体冒犯造成的伤害并不是那么容易被消除的；第四，在人际宽恕中，冒犯者与被冒犯者的身份比较容易界定，而在群际宽恕中，面对不同群体间的冲突和纷争，有时很难界定到底哪一方是冒犯者，哪一方是受害者。

综合研究者们的观点，群际宽恕是群体成员对曾经侵犯过本群的外群体所具有的报复感、愤怒感以及不信任感的减少，有意识地去理解、接近对方群体并积极地参与到对方群体中去，与此同时，作为对方群体必须尽可能少地将自己曾经的侵犯行为“合理化”，群际宽恕能够促进积极群体关系的发展，有利于政治社会的和谐稳定（Staub，2006；Tam et al，2007；Cehajic，Brown，& Castano，2008）[11–13]。Shechtman（2009）等进一步指出，群际宽恕强调两个过程，不但释放了“未得到宽恕（un–forgiveness）”的情绪，打消了痛苦、报复的欲望，同时获得了更多积极的情感和亲社会动机[14]。群际宽恕强调了受害群体在认知（客观看待和评价外群）、情感（愤怒、仇恨、敌对等不良情绪的减少，并获得积极的情感和动机）、行为（放弃报复行为，积极的群体接触）三个方面表现出的积极转变，突出了群际宽恕提升后对群体关系的改善所起到的重要作用。

二、群际宽恕的影响因素

（一）共情

共情（empathy）是指群体双方能够设身处地去感受对方的遭遇和感受，站在彼此的立场上来看待冲突事件给双方造成的各种伤害，而不是从内群立场出发，坚信自己比对方受到更大的伤害。共情和宽恕之间存在着密切的关系，共情心理的产生可以促进对外群情感状态的深入理解和体验，因此可以有效改善和缓解敌对情绪和报复态度，有助于引发群际宽恕（Tam et al，2007；

Harwood，2005）[15, 16]。在共情与宽恕的关系研究中还发现，共情调节着群际接触对群际宽恕的影响作用，Cehajic 等（2008）通过研究进一步证实，良好的群体接触可以提高群体的共情水平，高水平的共情会产生更多的宽恕[17]。另外，共情还调节着竞争受害性信念与群际宽恕的关系，群体成员的共情水平越高，受到来自群体的竞争受害性观点的影响越少，也不会认为本群的冲突行为更具有合理性和正义性，因此比较容易产生宽恕（Tam et al，2007）[18]。员工与顾客共情会正向促进顾客满意度，从而导致更多的“共生性互动”。有同理心的顾客更有可能以“宽恕”来回应不满意的遭遇，也就是说，顾客同理心能够减轻顾客不满意对顾客忠诚度的消极影响（Wieseke et al，2012）[19]。Bast 等（2015）认为，当个体产生移情倾向时，其更可能在一定程度上原谅对方的过失，这一结论在不同文化和不同情境的背景下都已得到证实[20]。

（二）道歉行为

群体间的道歉行为能否引起更多的群际宽恕？Azar，Mullet 和 Vinsonneau（1999）[21]对宗教群体间的宽恕进行了研究。他们设置了一个由于政治原因而引发的冲突事件情境，包含 4 个不同的变量，即与群体的关系密切度（内群 / 外群）、有意伤害性（故意的 / 偶然的）、长期的后果（积极的 / 消极的）以及来自侵犯者的道歉（道歉 / 未道歉），以测量被测试者的宽恕倾向性。结果发现，在无意伤害、无消极后果的情况下普遍存在着较高水平的宽恕，特别是在有道歉的情况下，被测试者的宽恕倾向更加明显，由此认为，道歉行为在群际宽恕过程中具有重要的、积极的作用。马瑞婧等人（2021）提出线上服务失误时，针对不同严重程度的失误类型，客服纯文字道歉和文字加表情符号道歉会有不同的效果[22]。Leonard 等人（2011）基于群体情绪理论，认为道歉能够有效降低群体的消极情绪（例如群体愤怒）、提升积极情绪（例如自尊和满意度），从而提高宽恕对方群体的可能性[23]。早期的研究更倾向于认为道歉对于群际宽恕具有积极的促进作用，然而进入本世纪以来，有关道歉对于群际宽恕作用的研究结论并不一致，有研究显示，道歉能够提升受害群体的宽恕水平；然而也有研究则认为，道歉对于群际宽恕并没有直接的作用，其中存在中介机制。

（三）群体接触

不同群体成员之间积极的互动可以减少群体偏见和敌意，良好的群际接触是提高群际关系质量的有效策略。Tam（2005）指出，高质量的群体接触可以改善群体间的关系，提高群体间的多样化认知，增强相互体谅，产生积极的情感与行为，双方之间会有更多的包容[24]。Hewstone 等（2004）研究证实，当人们接触对方群体的经历比平时明显增多时，更可能产生宽恕心理。他指出，群体接触能够影响群际宽恕是因为信任感在群体接触过程中发生了变化，频繁的友好接触可以提高信任感，确信对方不会再发起类似的冲突事件，从而增强人们宽恕对方的意愿，提高群际宽恕的水平[25]。后来的研究也证实，与外群频繁、良好的接触会增强彼此的信任感，引发本群体对外群体的积极行为（Tam，Hewstone，Kenworthy，& Cairns，2009）[26]，促进群际宽恕，缩短社会距离（Cehajic et al，2008）[27]。群体接触除了能够增强相互的信任感，还可以增强群体间的多样性感知。群体多样性感知是指对外群同质性或异质性的感知倾向性（Hewstone et al，2004）[28]。换句话说，人们普遍存在着一种外群同质性的思维定式，认为外群成员具有更高的同质性，喜欢比较概括性地总结外群成员的特点。对群体同质性的感知有正向与负向之分，比如认为某群体是友善的或者是充满敌意的，冲突事件之后，群体会认为对方具有更多负性的特点。群体接触可以有效地减少对侵犯群体消极的同质性感知，增加对外群体的多样化认知，由此分解对整个外群体形成的负向情感，促进群际宽恕的产生（Paolini，Hewstone，Cairns，& Voci，2004）[29]。

三、员工参与对群际宽恕的影响机制

近10年各类企业品牌形象危机事件层出不穷，面对危机，涉事企业的响应策略不同，消费者的反应和企业的命运也随之不同。企业一旦应对不当，不仅会让其苦心经营的品牌形象严重受损，严重的还会殃及整个行业形象。特别值得注意的是，移动互联时代在现代通讯及新兴媒体的推动下，信息传递速度和相对容易操作的程度都较以往大大提升，从而使得品牌形象危机事件被曝光的概率越来越大、频率越来越高，对涉事企业、消费者、社会公众，甚至是整个行业都产生了很大的影响，轻则导致消费者信心降低，企业产品销量与市场份额下降，企业股价下跌等，重则导致企业破产，甚至引发整个行业的震荡。学者们对于品牌形象危机的修复研究大多集中在危机前后企业的应对行为与修复策略如何能平息消费者的情绪与反应，从而得到消费者的宽恕。Siomkos（1994）等也认为，如果消费者产生正面情绪，就会倾向于原谅冒犯者的行为，从而易于产生宽恕的动机[30]。然而，当下两个新的变化必须引起足够的重视：一是员工是企业与消费者接触的最小单位，是化解企业危机的“前线”渠道，员工参与危机企业品牌修复应该是取得消费者宽恕直接而有效的方式之一。二是移动互联时代，员工参与危机企业品牌形象修复的溢出效应和效果会显著高于传统环境。例如，海底捞“卫生门”事件中，该企业大量员工自动参与到企业危机修复行动中，他们主动展示厨具、主动邀请顾客参观厨房等一系列行为为该企业顺利渡过危机提供了巨大帮助。

（一）消费者个体情绪的影响

消费者的个体情绪会通过情绪感染效应影响其他消费者的行为变化（杜建刚和范秀成，2007），进而对消费者的群体情绪产生影响[31]。基于此消费者情绪感染理论逻辑，在企业危机情境下，若消费者个体因员工参与行为产生消费者个体宽恕行为时，消费者个体宽恕行为也可能通过其积极情绪影响其所在群体中的群际宽恕行为（张奇勇等，2016）[32]。更进一步地，消费者

个体宽恕行为通过影响消费者群际宽恕行为进而对企业积极行为产生正向响应，如消费者可能会提升对涉事企业品牌形象的关注度。还有研究表明，当消费者群际宽恕意愿提高后，他们会自发地渐渐宽恕企业的过错，回避报复意图减弱，重购意愿增强，改观对企业品牌形象的负面评价（张正林和庄贵军，2010）[33]。

（二）消费者品牌态度的影响

消费者对品牌产生宽恕行为后就会增加企业的品牌信任和品牌情感性（杨礼茂，2015）[34]。按照宽恕理论逻辑，消费者个体情绪行为得到改善后，其积极的宽恕行为亦会令其对所处环境或未来行为产生显著正向作用（史梦瑶等，2016）[35]。因此，消费者个体宽恕行为引致消费者对涉事企业产生积极品牌态度时，这种积极的品牌态度也可能会对该企业的品牌形象产生正面的影响。

（三）员工社会资本的影响

社会资本是企业与利益关系各方之间基于信任、共同价值观念而形成的良好社会关系网络，是一种能给企业带来价值提升的潜在经济资源（Durlauf，Fafchamps，2005；潘东，杨晨，2011）[36，37]。一般而言，社会资本包含三个维度：结构、关系和认知（潘冬，2011；Nahapiet J，Ghoshal S，1998）[38，39]。结构资本会通过企业与企业、企业与消费者之间的互动和交流来帮助企业获取有价值的市场信息和技术知识，企业和交易伙伴的社会互动性越强，信息交流次数就越频繁，企业对危机的识别能力也会逐渐提高。此外，一些经典研究表明，企业社会资本会通过信任、规范等关系性嵌入影响企业的信息获取和知识创造的过程，并有助于企业更好地将外部资源整合运用到企业自身能力的提升过程中。而资本则是通过共同语言和共同愿景来帮助企业识别消费者信息，领会新知识和新技术，进而影响其品牌资产。在企业品牌形象危机背景下，危机后各个网络之间结成良好关系，能够促进企业整体声誉上升，有利于企业正面形象的塑造，对企业核心竞争力的提高和经济效益的提升起促进作用。

员工社会资本的增加，是加速消费者个体之间信息和知识的流动的重要因素，对促进消费者个体与群体之间的相互信任和合作具有重要支持作用（Hewstone，2004）[40]。当员工社会资本与消费者社会资本重合或交互相融之后，社会资本会更加有助于消费者个体宽恕向消费者群际宽恕方向的交互转换。换言之，消费者个体宽恕行为能够随着员工社会资本网络的扩展而对其所在群体传递更多的积极情绪，进而能够进一步增强消费者个体宽恕行为向其群体宽恕行为转化的速度和效率。

（四）员工积极参与的影响作用

在群体层面的研究表明，不同群体成员之间积极的互动可以减少群体的偏见和敌意，高质量的群体接触可以改善群体间的关系，提高群体间的多样化，影响群际宽恕（Tam，2005）[41]。对于消费者个体而言，他们一般会处于一个或多个群体生活之中，若其接触的某个群体中的消费者因涉事企业员工参与而出现个体宽恕时，这种积极的个体宽恕行为可能会因为群体内不同个体的友好频繁接触而产生对涉事企业的群际信任感知，进而促进群际宽恕行为的产生（李欣欣等，2016）[42]，缩短涉事企业与消费者群体之间的社会距离（Cehajic et al，2008）[43]。

危机事件后，企业员工的积极参与，组织认同感会让他们积极投身到企业形象的修复中。研究表明，员工的积极参与使得消费者会对其行为背后的动机进行归因，进而影响消费者对企业的态度。当产品伤害危机发生后，企业身处舆论的风口浪尖，而此时公司的行为和反应将直接影响消费者对该企业的感知和判断。在这个过程中，亟需企业员工的积极参与帮助涉事企业完成好形象修复的“最后一公里”，如联系消费者主动召回、道歉等一系列维护企业形象的行为。当消费者对企业拥有高的认同感时，即个人价值观与企业目标相一致时，他们会展现更多的宽容与理解（张海霞和谷传华，2009）[44]。当消费者个体意识到企业的积极补救行为时，会对企业的错误采取宽恕的态度（Bhattacharya and Sen，2003；陈晓等，2017）[45, 46]。因此，如果企业员工参与危机修复的行为不断通过消费者个体产生正向影响后，员工的积极行为也会影响消费者群体行为，即对消费者群际宽恕产生推动作用。此外企业员工的积极参与使得他们与不同群体成员之间积极的互动可以减少群体消费者建构起来的偏见和敌意，通过不断地进行群际接触可以提高群际关系（Tam，2005）[47]。

四、典型案例示例

危机公关典范之作：阿里钉钉被动出击[48]

疫情来袭，推迟上课、推迟复工的通知陆续发布，学生党和上班族有人欢喜有人忧。在学生党沉浸于推迟上课的喜悦中时，教育部发布“停课不停学”号召，网课浪潮如火如荼。2020 年 1 月 27 日，阿里巴巴首先抓住这一机遇，积极落实教育部政策和指示，紧急通过钉钉向全国学校免费开放在线课堂、直播互动等教学场景，力求让所有学生享受平等优质的教育资源。

钉钉此举是阿里品牌的一项壮举，不仅承担起国家危难之际的复工复学重任，树立良好的企业责任形象，更是扩大品牌影响力，积累用户的重要一步。疫情开始后，钉钉经历了产品自诞生以来的最高增长，下载量甚至超过了微信。据钉钉统计，春节期间钉钉共吸引超 2 亿办公人群和 1.2 亿学生上线平台。2 月 5 日，钉钉下载量超越微信，跃居苹果应用商店排行榜首位。除此之外，七麦数据 2020 年 2 月移动应用增长榜全平台榜首也被钉钉一举拿下。

到 1 月 30 日时，钉钉已积极为老师制作在线教学攻略，对于钉钉来说，顺应时势做出了一款“福利老师学生”的好工具，应该赢得世人的鼓掌喝彩。许多一线中学老师还在自己的微信号，推出了如何使用钉钉教学的攻略类文章，阅读量一下就破了 5 万！可见，钉钉这波主打教学的操作确实赢得了众多老师的一致认可！然而，另外一拨人——“被上课”的 00 后小学生却早已怨声载道：钉钉免费开通的视频上课、在线点名以及线上检查作业等功能使得小学生们不仅提前结束假期，更产生了隐私和人权受到侵犯的感觉。本来以为因为疫情影响能继续在家吃吃喝喝玩，没想到赶上了“在家还要上课”的新时代？被强制开摄像头投屏，只能坐得规规矩矩地上课……学生满腔怨火无法向学校和老师发泄，于是钉钉就成了中小学生们的攻击对象。学生中传言“应用商店会将评分太低的应用强制下架”。于是，钉钉的第一次热搜来了：应用评分齐刷刷一颗星。为了让钉钉在开课前下架，2 月 3 日起，学生们策划了一场应对“在家上课计划”的“一星计划”。计划始于 B 站：少部分 UP 主首先制作了关于钉钉的鬼畜视频，建议给钉钉打五星，但要分五次还清，学生们被视频吸引，纷纷响应“五星好评，分期付款”的号召。来自学生们的一星差评让钉钉的评分从 4.4 分断崖式下降至 1.4 分，评论区也被学生们的“好评”攻陷，部分应用市场被迫关闭了钉钉的评价功能。

面对如此猛烈的攻势，钉钉开启了“自嘲式营销”，钉钉客服人员跟着 00 后说着最流行的话，并配上恶搞表情包、鬼畜视频等与小学生们进行互动，2 月 9 日，钉钉在官微上线了征集“表情包”活动；11 日，发出了第一波九宫格表情包。除此之外，钉钉员工直接在官微发出一个自制表情包，并配以 2 个“跪了”的表情符号以回应小学生们的一星评分。这条微博的点赞评论转发量均比一般的微博都要高出很多。阿里旗下的各个品牌均转发这条微博为钉钉站台。看起来普普通通的危机应对方式却是钉钉员工紧跟潮流突破 00 后学生心理防线的利器，钉钉技术人员自制鬼畜视频进行自嘲式调侃，在微信和 B 站平台圈了不少粉，视频的播放量也不断上升。这使得很多原本不会用到钉钉的人注意到“钉钉事件”，进而给钉钉带来其他领域的流量与更广泛群体的关注。

在一星事件后，钉钉团队虚心接受小朋友们的意见，让在线课堂能够做到寓教于乐、快乐上课，除了利用舆论主动出击扭转用户看法之外，钉钉根据用户体验将产品即时回馈迭代，优化产品性能，提高产品质量和稳定性。钉钉快速成长，接连推出 3 个新版本。除此之外，钉钉产品将学校和职场定位为主要的两个方向，重点升级线上教学教研工作。在会议的安全性上，新增了预约会议的功能，通过对参会人身份、入会方式和屏幕共享对会议的安全性作出升级。学生们对于钉钉的吐槽和差评是源于对“停课不停学”号召的不满，而对于钉钉的产品质量和用户体验学生们并没有找到太多的槽点。

案例来源

案例改编自牟玲玲，黄金雪，李世蕊 . 危机公关典范之作：阿里钉钉被动出击［J］. 中国管理案例共享中心，2021.

参考文献：

［1］Hewstone，M.，Cairns，E，Voci，A，McLernon，F，Niens，U，& Noor，M. Intergroup forgiveness and guilt in Northern Ireland：Social psychological dimensions of The Troubles.In N. R. Branscombe，& B. Doosje（Eds.），Collective guilt：International perspectives.Cambridge：Cambridge University Press. 2004：193－215.

［2］Staub，E. Reconciliation after genocide，mass killing，or intractable conflict：Understanding the roots of violence，psychological recovery，and steps toward a general theory［J］. Political Psychology，2006，27：867－894.

［3］Tam，T，Hewstone，M，Cairns，E，Tausch，N，Maio，G.，&Kenworthy，J. The impact of intergroup emotions on forgiveness in Northern Ireland［J］.Group Processes &Intergroup Relations，2007，10（1）：119－136.

［4］Shechtman，Z.，Wade，N，& Khoury，A.Effectiveness of a forgiveness program for Arab Israeli adolescents in Israel：An empirical trial. Peace and Conflict [J] . Journal of Peace Psychology，2009，15（4）：415–438.

[5] 同 [1] 193–215.

[6] 同 [3] 119–136.

[7] Enright，Robert D.，Gassin，Elizabeth A.，Wu，Ching–Ru. Forgiveness：a developmental view. Journal of Moral Education，1992，21（2）：99–114.

[8] 张连红 . 南京大屠杀对南京市民社会心理的影响 [J] . 江苏社会科学，2000（6）：109–113.

[9] 张连红 . 南京大屠杀与南京市民的创伤记忆 [J] . 江海学刊，2003（1）：147–152+207.

[10] Swart H，Hewstone M. Forgiveness，Intergroup [M] . Blackwell Publishing Ltd，2011.

[11] 同 [2] 867–894.

[12] 同 [3] 119–136.

[13] Sabina Cehajic，Rupert Brown，Emanuele Castano. Forgive and Forget Antecedents and Consequences of Intergroup Forgiveness in Bosnia and Herzegovina [J] . 2008，29（3）：351–367.

[14] 同 [4] 415–438.

[15] 同 [3] 119–136.

[16] Harwood，J. Grandparent–Grandchild Contact and Attitudes Toward Older Adults：Moderator and Mediator Effects. Personality and Social Psychology Bulletin，2005，31（3）：393–406.

[17] Sabina Cehajic，Rupert Brown，Emanuele Castano. Forgive and Forget Antecedents and Consequences of Intergroup Forgiveness in Bosnia and Herzegovina，2008，29（3）：351–367.

[18] 同 [3] 119–136.

[19] Wieseke，J.，Geigenmuller，A.，Kraus，F. On the Role of Empathy in Customer–Employee Interactions. Journal of Service Research，2012，15（3）：316–331.

[20] Bast，D.，Barnes，H. D.. Developing the Implicit Relational Assessment Procedure as a Measure of Self Forgiveness Related to Failing and Succeeding Behaviors.Psychological

Record，2015，65（1）：189-201.

[21] Azar，F.，Mullet，E.，Vinsonneau，G. The Propensity to Forgive：Findings from Lebanon. Journal of Peace Research，1999，36（2）：169-181.

[22] 马瑞婧，凡文强，刘静文 . 纯文字还是加“表情”道歉形式对消费者宽恕意愿的影响——移情的中介视角 [J] . 南开管理评论，2021，24（6）：187-194.

[23] Leonard，D.J，Mackie，D.M.，& Smith，E. R. Emotional responses to intergroup apology mediate intergroup forgiveness and retribution. Journal of Experimental Social Psychology，2011，47（6）：1198-1206.

[24] Tam，T. Intergroup emotions and intergroup forgiveness in Northern Ireland. In 14th General Meeting of the European Association for Experimental Social Psychology. W ü rzburg，Germany，2005.

[25] 同 [1] 193-215.

[26] Tam，T，Hewstone，M，Kenworthy，J，& Cairns，E. Intergroup trust in Northern Ireland. Personality and Social Psychology Bulletin，2009，35（1）：45-59.

[27] Cehajic，S，Brown，R，& Castano，E. Forgive and forget Antecedents and consequences of intergroup forgiveness in Bosnia and Herzegovina. Political Psychology，2008，29（3）：351-367.

[28] 同 [1] 193-215.

[29] Paolini，S，Hewstone，M，Cairns，E，& Voci，A. Effects of direct and indirect cross-group friendships on judgments of Catholics and Protestants in Northern Ireland：The mediating role of an anxiety-reduction mechanism.Personality and Social Psychology Bulletin，2004，30，770-786.

[30] Siomkos G.J. and Kurzbard G.The hidden crisis in product-harm crisis.Management. European Journal of Marketing，1994，28（2）：30-41.

[31] 杜建刚，范秀成 . 服务补救中情绪对补救后顾客满意和行为的影响——基于情绪感染视角的研究 [J] . 管理世界，2007（8）：10.

[32] 张奇勇，卢家楣，闫志英，等 . 情绪感染的发生机制 [J] . 心理学报，2016，48（11）：11.

[33] 张正林，庄贵军 . 基于时间继起的消费者信任修复研究 [J] . 管理科学，2010（2）：8.

[34] 杨礼茂 . 产品伤害事件后网络响应对顾客品牌忠诚和购买意愿的影响 [J] . 中国流通经济，2015，29 (5) : 7.

[35] 史梦瑶，李黎，钟建安 . 基于情绪感染理论视角的情绪劳动动态性研究 [J] . 应用心理学，2016，22 (3) : 235−244.

[36] Durlauf S N，Fafchamps M. Social Capital [J] . Handbook of Economic Growth，2005，1，part b (483) : 459−479 (21) .

[37] 潘冬，杨晨 . 企业社会资本对品牌资产提升的作用研究 [J] . 经济纵横，2011，(6) : 114−117.

[38] 同 [37] 114−117.

[39] Nahapiet J，Ghoshal S. Social Capital，Intellectual Capital，and the Organizational Advantage [J] . Academy of Management Review，1998，22 (2) : 242−266.

[40] 同 [1] 193−215.

[41] 同 [24] .

[42] 李欣欣，万红莲，赵亚伟，石岩，王宝琪 . 基于游客感知的旅游地形象品牌研究——以宝鸡市为例 [J] . 旅游纵览（下半月），2016，(24) : 98−99.

[43] Sabina Cehajic，Rupert Brown，Emanuele Castano. Forgive and Forget Antecedents and Consequences of Intergroup Forgiveness in Bosnia and Herzegovina，2008，29 (3) : 351−367.

[44] 张海霞，谷传华 . 宽恕与个体特征、环境事件的关系 [J] . 心理科学进展，2009，17 (4) : 774−779.

[45] Bhattacharya C B，Sen S. Consumer−Company Identification：A Framework for Understanding Consumers' Relationships with Companies [J] . Journal of Marketing，2003，67 (2) : 76−88.

[46] 陈晓，高辛，周晖 . 宽宏大量与睚眦必报：宽恕和报复对愤怒的降低作用 [J] . 心理学报，2017，49 (2) : 241−252.

[47] 同 [24] .

[48] 牟玲玲，黄金雪，李世蕊 . 危机公关典范之作：阿里钉钉被动出击 [J] . 中国管理案例共享中心，2021.